Cá entre nós

MARIA TEREZA MALDONADO

Cá entre nós

Na intimidade das famílias

MARIA TEREZA MALDONADO

Integrare
EDITORA

Copyright © 2006 Maria Tereza Maldonado
Copyright © 2006 Integrare Editora Ltda.

Publisher
Mauricio Machado

Capa e projeto gráfico
Herbert Junior/Usina Digital

Foto da capa
Hans Neleman/Getty Images

Preparação de texto
Célia Regina Rodrigues de Lima

Revisão
*Ceci Meira
Maria da Anunciação Rodrigues
Luciana Paixão*

Coordenação editorial
Estúdio Sabiá

Dados Internacionais de Catalogação na Publicação (CIP)
(Câmara Brasileira do Livro, SP, Brasil)

Maldonado, Maria Tereza
  Cá entre nós : na intimidade das famílias /
Maria Tereza Maldonado. - São Paulo :
Integrare Editora, 2006.

ISBN 85-99362-00-0

1. Educação de crianças 2. Família - Aspectos psicológicos
3. Pais e filhos 4. Relações interpessoais I. Título.

06-0157   CDD-306.87

Índices para catálogo sistemático:
1. Relacionamento familiar : Sociologia 306.87

Todos os direitos reservados à
INTEGRARE EDITORA LTDA.
Rua Tabapuã, 1123, 7º and, cj. 71
04533-014 – São Paulo – SP
Tel. (11) 3815-3059 / 3812-1557
www.integrareeditora.com.br

Sumário

O direito à família / *Valéria Nogueira* 9
Pra começo de conversa 11

Capítulo 1 Dilemas da modernidade

Bater para educar?! 16
Prender ou soltar? 18
Castigos ou conseqüências? 21
O reizinho da família 24
O "não" traumatiza? 26
Ela não me obedece! 29
Alfabetização de mídia 31
Férias cansativas 34
Tempo, tempo, tempo 37
Incomodando os acomodados 39
Gato e rato 42
Disciplina 44
Escolhas 47
A televisão 50
Deveres e prazeres 52
O dinheiro não dá! 55
Reclama, mas faz 58
"Mamãe, compra!" 60
Choque de valores 63

Capítulo 2 Semelhanças nas diferenças

Laços de amor 70
A oportunidade das crises 72

Cá entre nós

Aliviando a sobrecarga 75
Homem, pai e profissional 78
Autoridade de controle remoto 80
Conflitos de lealdade 82
O filho único 85
Os novos amores dos pais 87
Presença na ausência 90
O que precisamos adotar? 93
Convivendo com a saudade 96
Enfrentando o preconceito 99
Semeando amor 102
Filhos adotivos 105
A revolução da consciência 107
Compaixão e solidariedade 110
Modifique-se! 113
Os meus e os teus 116
Pais rebeldes, filhos caretas 118
A escuta vale ouro 121

CAPÍTULO 3 No caminho do crescimento

Os filhos crescem. E os pais? 126
A criança que nos habita 128
Auto-estima 130
Papai Noel existe! 132
Dividindo o quarto 135
Força do braço *versus* força da palavra 138
Adolescência 141
A frustração do "ficar" 144
Filhos do Carnaval 147
O código do macho 149
Pagar mais caro 152
A geração canguru 154

6

Sumário

Apreciando as novidades 156
Festas sem álcool 158
O valor dos pequenos progressos 161
Estar bem 163
Os novos avós 165
Cuidando dos outros e de si 168

CAPÍTULO 4 Sentimentos entrelaçados

Brigas entre irmãos 174
Raiva & Cia. 177
Medo amigo e medo inimigo 180
Meninos sensíveis 182
Todo mundo é chato! 185
Vitaminas afetivas 187
A violência é aprendida 190
Palavras ferinas 192
A força da delicadeza 195
A travessia da dor 198
Surfando no medo 200
Agressores e agredidos 203
No casulo 205
Imagens traumáticas 208
Brigando demais 211
Feliz ou infeliz? 214
Divirta-se! 216
Bons pensamentos 218
Irmãos compreensivos 221

Palavras finais 223

7

O direito à família

Gostaria de elogiar, primeiramente, a atuação da Integrare Editora, que pretende doar, em cada obra por ela lançada, um percentual das vendas para instituições indicadas pelos autores. A Associação Brasileira Terra dos Homens — ABTH teve o privilégio de ser incluída nessa iniciativa, por meio da indicação feita pela psicóloga e escritora Maria Tereza Maldonado. Parte da venda deste livro, portanto, vai fortalecer nossas ações e projetos. Propostas como essa renovam em nós a esperança de que é possível uma transformação social inclusiva. Gestos simples, mas que somados podem ganhar contornos mais sólidos.

Esta parceria comprova que cada cidadão pode, da sua maneira, contribuir para que os conflitos sociais — e estes são de responsabilidade de todos — sejam reduzidos em nosso país. No caso particular da ABTH, lutamos para que crianças e adolescentes tenham os seus direitos, estabelecidos pelo Estatuto da Criança e do Adolescente (ECA), respeitados e garantidos. Entendendo a família como o espaço ideal para o desenvolvimento de qualquer criança, promovemos o direito à convivência familiar e comunitária de crianças e adolescentes, principalmente aqueles que se encontram em situação de vulnerabilidade.

Cá entre nós

O tema central deste livro perpassa as relações familiares, um dos focos do nosso trabalho. Os critérios de convivência entre pais e filhos abordados em cada capítulo são fundamentais para um ambiente familiar favorável ao desenvolvimento pleno da criança — o que evita, em muitos casos, a ruptura dos vínculos familiares.

Agradecemos de coração à Maria Tereza, psicóloga reconhecida, escritora de trajetória exitosa e conselheira da ABTH. Que o sucesso continue ao seu lado em mais esta sua realização literária, que vem somar-se a dezenas de outras já publicadas, enriquecendo de modo inestimável o conjunto de sua obra. Muito nos orgulha tê-la em nosso grupo atuante de conselheiros, como fiel parceira.

Valéria Nogueira
Rio, janeiro de 2006
Desenvolvimento Institucional
ASSOCIAÇÃO BRASILEIRA TERRA DOS HOMENS — ABTH
www.terradoshomens.org.br

Pra começo de conversa

Em minha família de origem, há brancos portugueses e negros brasileiros. Nasci e cresci sem irmãos, vivendo com meus pais e meus avós maternos. Na década de 70, casei, tive um casal de filhos e me separei. Depois, tive uma união estável e passei por todas as dificuldades de integrar um grande número de filhos. Acabei me reorganizando de modo mais satisfatório como família uniparental.

Comecei a trabalhar com famílias no início da década de 70, depois que me formei em psicologia. A experiência de consultório, atendendo a famílias de classe social mais favorecida, sempre correu paralelamente à minha atuação como voluntária em projetos sociais, vendo pessoas de baixo poder aquisitivo. A partir dos anos 90, passei a dedicar a maior parte do meu tempo de trabalho a escrever e viajar para dar palestras, o que me possibilitou conhecer diferentes realidades. Portanto, tanto em minha vida pessoal quanto na experiência de trabalho, tenho aprendido muito com a diversidade de organizações familiares em vários contextos.

Os temas que selecionei para compor os textos deste livro são os mais mencionados nas consultas, nas conversas com o público após as palestras, nos *e-mails* dos leitores e nos projetos sociais em que atuo. Embora estejam agrupados em quatro

Cá entre nós

capítulos, podem ser lidos independentemente. Eu os vejo como fragmentos de um grande mosaico: a vida que palpita em cada um de nós, nas redes familiares e sociais, revelando a semelhança na diversidade humana em toda a riqueza dos sentimentos entrelaçados.

Estamos todos mergulhados nos dilemas da modernidade, que nos trazem muito mais dúvidas e perguntas do que certezas e respostas. Precisamos fincar raízes nos vínculos que construímos e, ao mesmo tempo, deixar crescer as asas da criatividade e da inovação no caminho do crescimento.

Agradeço a todas as pessoas com quem tenho aprendido, na vida pessoal e no trabalho. Com a leitura deste livro, certamente vocês farão as sementes desse conhecimento florescer na terra fértil dos afetos.

Maria Tereza Maldonado
Rio de Janeiro, 2006

CAPÍTULO 1

Dilemas da modernidade

"*Como o ano passou rápido!*" *é um comentário que fazemos para expressar a sensação de que cada dia parece ter menos de 24 horas. A velocidade das mudanças, a massa de informações que não conseguimos absorver e as múltiplas solicitações a que somos submetidos pesam em nossos ombros como sobrecarga e, com isso, sentimos cansaço, ansiedade, aflição.*

O progresso da tecnologia e o avanço das telecomunicações nos permitem acompanhar os acontecimentos do mundo em tempo real, ter acesso às diferentes culturas cujos valores são em parte semelhantes aos nossos e em parte bem diferentes deles. A exposição a essa grande diversidade humana, juntamente com a mudança do olhar sobre a infância e a juventude (o reconhecimento dos direitos da criança, a maior visibilidade do problema da violência doméstica, a mudança dos modelos educacionais, a divulgação das teorias psicológicas sobre o desenvolvimento emocional), resultou num grande questionamento dos modelos tradicionais de educar os filhos e dos conceitos de "certo" e "errado".

Os pais modernos, perdidos e confusos, sentem-se atordoados com os filhos, que, desde pequenos, questionam o que é dito, resistem às tarefas necessárias e demonstram irresistível atração pelas inúmeras opções de lazer e entretenimento.

O que fazer para que os filhos sejam capazes de fazer boas escolhas, cuidar bem de si mesmos e de seus relacionamentos, administrar o tempo para cumprir as tarefas e se divertir? Nos textos deste capítulo, você encontrará reflexões e sugestões de ação sobre os temas mais comumente abordados nos debates a respeito dos dilemas da modernidade.

Bater para educar?!

— Mãe, hoje, quando você estava no trabalho, a Socorro mandou o Marquinho tomar banho um monte de vezes, ele não foi, aí ela deu umas palmadas nele e ele chorou um tempão!
— O quê!? Que absurdo! A Socorro não pode bater em vocês!
— Mas, mãe, você também bate quando a gente não obedece...
— A mãe pode bater para educar os filhos, mas a babá não pode!

Bater para educar?!

Se babás e professoras precisam desenvolver habilidades de comunicação para que as crianças façam o que precisa ser feito sem recorrer a castigos físicos, por que há pais que ainda acreditam em "palmadas educativas"?

Educar dá trabalho: exige paciência, persistência e, sobretudo, muito amor. Falar com firmeza e buscar coerência entre palavras e atos são recursos extremamente úteis para lidar com as birras cotidianas. Por exemplo: "Está na hora de tomar banho: você mesmo vai desligar a televisão ou eu desligo para você?"

Atitudes de provocação e desafio das crianças enraivecem os adultos, mas entrar no circuito de gritos e palmadas para se fazer obedecer pode resultar numa escalada de agressividade

Dilemas da modernidade

que prejudica a boa qualidade do convívio. Em casos extremos, gera relacionamentos familiares violentos, em que as crianças passam a ser vítimas de maus-tratos.

Há pais que dizem: "Ele pede para apanhar!" e temem chegar a uma etapa em que gritam e dão palmadas desde a hora em que acordam até a hora de dormir. Muitos detestam fazer isso, se arrependem e até pedem desculpas quando se excedem, mas ficam furiosos se a criança os desafia, dizendo que não doeu. Há crianças que sentem tanto prazer com seu poder de deixar os adultos descontrolados e ineficientes que, para isso, agüentam a dor das palmadas e a frustração dos castigos.

Outra contradição comum: dar palmadas nos filhos maiores para "ensiná-los" a não bater nos irmãos menores. Não dá para ensinar a não bater batendo. As crianças sabem que bater dói: não precisam literalmente sentir na própria pele o que estão fazendo com os outros, mas sim ser estimuladas a desenvolver outras maneiras de resolver as disputas de território (como o lugar em que vão se sentar no carro ou na mesa de refeições) e de pertences.

A criança pequena é, naturalmente, impulsiva e curiosa, gosta de explorar o ambiente em busca de novas aventuras e ainda não desenvolveu uma boa noção de perigo. Nos primeiros anos de vida, é preciso tomar medidas concretas para prevenir acidentes, estabelecendo os limites necessários com ações consistentes ("não pode meter o dedo na tomada porque faz dodói" e distrair a criança com outra coisa). Assim, pouco a pouco, sem precisar de palmadas, ela aprende que não pode fazer tudo o que quer na hora em que bem entende.

Prender ou soltar?

Adriana se irrita quando sua filha de 15 anos se revolta porque tem de dizer para onde vai, com quem e a que horas volta. Não satisfeita com isso, telefona para as outras mães para confirmar a veracidade do que foi dito e fica horrorizada ao constatar que algumas amigas de sua filha são completamente soltas: os pais não tomam conhecimento dos programas nem procuram saber a que horas elas chegam das festas.

Por outro lado, Renata, 16 anos, diz que sente falta da vigilância dos pais, que, em suas próprias palavras, são muito "descolados". A liberdade que tem para colocar *piercings*, fazer tatuagens, sair das festas quando já está amanhecendo e beber à vontade sem que os pais se preocupem tem, para ela, um gosto amargo de abandono e desamor.

Soltar ou prender? Essa medida é difícil já na infância. Quando a criança está pronta para usar o elevador sem estar acompanhada, sair para comprar coisas na banca de jornal ou dormir na casa dos amigos? Vários fatores influenciam essas decisões: o ambiente em que vivemos, a rede de relacionamentos e o nível de segurança pública são alguns deles. O crescimento da violência urbana nas grandes cidades atrasa o desenvolvimento da autonomia. Enquanto em cidades menores e mais seguras as crianças podem brincar livremente nas

Dilemas da modernidade

ruas, circular pela casa dos amigos e ir para a escola por conta própria, em cidades grandes com alto índice de violência a liberdade de ir e vir em segurança é mais restrita até mesmo para os adultos.

Um dos objetivos da educação dos filhos é acompanhá-los no caminho que vai da dependência do bebê para a interdependência dos adultos. O desenvolvimento da autonomia precisa estar entrelaçado com a capacidade de cuidar bem de si mesmo. Um dos principais ingredientes do dilema entre prender e soltar é a insegurança dos pais que não confiam plenamente na capacidade do adolescente para se proteger dos perigos e, sobretudo, resistir às pressões do grupo de amigos.

"Confiança não se ganha, é preciso conquistá-la." Para muitos pais, a confiança se quebra quando descobrem mentiras, coisas feitas às escondidas, acordos não cumpridos. Alguns mal conseguem se lembrar da própria adolescência, quando também transgrediam e ocultavam experiências que os pais não aprovariam. Outros acham que a adolescência é época de "fazer besteiras" e que a gente acaba aprendendo com a vida e com a maturidade.

Há desafios importantes para a família com adolescentes, no sentido de minimizar os riscos e aumentar os fatores de proteção para promover o crescimento saudável. Um deles é aumentar a flexibilidade dos limites para permitir o desenvolvimento da autonomia e da responsabilidade sem que isso represente soltar as rédeas.

Monitorar, orientar, proteger: isso significa que é importante, sim, saber onde estão, quem são os amigos, como se divertem, como está o rendimento na escola. Muitas vezes, o cuidado dos pais é entendido pelos adolescentes como controle, intromissão em sua privacidade. Diversos pais também se confundem com essa diferença entre cuidado e controle e espionam agendas, correspondência, telefonemas. Quebram, desse modo, a confiança dos filhos, desrespeitando sua privacidade e estimulando o fechamento da comunicação.

Castigos ou conseqüências?

Gisela está preocupada, sem saber o que fazer com Rodrigo, seu filho de 10 anos: "Ele não aceita castigos. Ontem, não fez os deveres de casa; eu disse que vai ficar uma semana sem televisão. Sei que é inútil, porque, assim que saio para o trabalho, ele faz o que quer e a empregada não tem a menor autoridade com ele. Se já me desafia desse jeito, o que vai fazer comigo quando for adolescente? Em casa, estamos só nós dois, o pai casou de novo e quase não aparece, e ele já está quase do meu tamanho...".

Essa é uma queixa freqüente na maioria das famílias, mesmo quando há pai e mãe dentro de casa. Porém, em algumas famílias uniparentais, o acúmulo de funções (a mãe provedora e educadora, sem participação do pai) pode dificultar o exercício da autoridade. No entanto, é bom lembrar que autoridade não é sinônimo de autoritarismo nem precisa de força física para ser exercida. O filho pode ficar mais alto e mais forte e, ainda assim, respeitar a autoridade dos pais. É uma questão de hierarquia.

As mensagens que comunicamos vão por três canais: a palavra, a postura corporal e as ações. Quando esses três elementos estão integrados, enviamos mensagens fortes; quando não há coerência entre os canais, é a palavra que

Cá entre nós

mais facilmente fica desacreditada. A mãe sabe que o castigo é inútil porque não será cumprido; o filho sabe que não precisa levar a sério as palavras da mãe porque, como acontece em outros cenários da vida nacional, "tudo acaba em pizza".

Na educação para a responsabilidade, as conseqüências são muito mais eficazes do que os castigos. Essa não é uma simples substituição de palavras, é uma mudança de conceito. Castigo é punição, freqüentemente dado na hora da raiva, sob a forma de ameaças ou de modo exagerado ("Vai ficar sem brincar na casa dos amigos até o fim do ano!"). Passada a raiva, os pais esquecem ou "atenuam a sentença", com pena do filho, que suplica e promete não fazer de novo o que o levou à "condenação". Dar um castigo e não cumpri-lo é o caminho mais curto para a impunidade dentro de casa e estimula crianças e jovens a manipular os pais.

Dar conseqüências é uma medida essencial na educação para a responsabilidade: primeiro os deveres, depois os prazeres ("quando terminar o trabalho da escola pode ver televisão"); estragou, tem de consertar ("sei que você não derramou o suco de propósito, mas precisa limpar a mesa"); usou, tem de colocar no lugar ("pegue a calça que você jogou no chão e ponha no cesto de roupa suja"). A conseqüência tem uma ligação lógica e imediata com o que foi feito de maneira errada ou deixou de ser feito, com o propósito de corrigir o erro ou a omissão. Precisa ser enunciada com firmeza e persistência para que possa ser atendida. Cumprir a conseqüência determinada é condição para desfrutar os privilégios desejados.

Dilemas da modernidade

Isso também funciona para os adultos: imaginem como nosso país funcionaria melhor se, quando as leis não fossem respeitadas, as conseqüências cabíveis fossem aplicadas, as multas, cobradas, e se existisse uma real intolerância com a cultura da impunidade que vigora em todos os setores da sociedade!

O reizinho da família

Ana Cláudia desabafa: "Não agüento mais meu filho! Agora me arrependo de tê-lo criado tão cheio de vontades. Primeiro filho, primeiro neto dos dois lados, as famílias achando tudo o que ele fazia uma gracinha. Parei de trabalhar para ficar totalmente disponível. Moral da história: o reizinho é um tirano. Faz cenas horríveis quando é contrariado. Brigo com ele, grito, até bato, mas não adianta".

Essa é a queixa de pais que criaram os filhos na base da lei do desejo, e não da lei do consenso. O filho cresce achando-se no direito de sempre ocupar o primeiro lugar e pensando que os outros são seus súditos, que existem para satisfazer seus desejos. Não desenvolve a capacidade de perceber as necessidades dos outros e respeitá-los; não suporta a frustração e não consegue esperar. Por isso, não é capaz de construir um bom convívio, regido pela lei do consenso: dar um pouco do que cada um quer, para que todos tenham vez.

A crescente exigência do reizinho torna os familiares frustrados e enraivecidos; passam a brigar e a reclamar da criança solicitadora, insistente, insuportável. O clima do convívio fica difícil e a criança acaba se sentindo rejeitada e infeliz.

A melhor maneira de prevenir essa situação é dar à criança, desde pequena, a noção de que ela é importante, mas não é a única

Dilemas da modernidade

pessoa no mundo que tem o direito de ser atendida. Os outros têm o mesmo direito. Essa é a base da relação de troca, do dar-e-receber que permite o desenvolvimento da bondade, da gentileza e da tolerância. Dizer "Agora não", "Já li essa história três vezes para você, agora chega" são frases que provocam frustrações necessárias, dentro da realidade de que nem tudo acontece na hora em que a gente quer ou do jeito que desejamos. Desenvolver a consideração pelos outros e por si mesmo conduz ao equilíbrio e a maiores possibilidades de satisfação. A capacidade de esperar é a base do bom planejamento; a capacidade de tolerar frustrações é a base da aprendizagem, pois é preciso persistir e suportar os erros até adquirir o conhecimento ou a habilidade de fazer o que nos propomos.

O que leva os familiares a tratar a criança como reizinho? Comumente, os sentimentos de pena e de culpa (porque a criança é adotada, ou nasceu doente, ou os pais se separaram, ou a mãe trabalha o dia inteiro etc.) criam a necessidade de compensá-la realizando a maioria dos seus desejos. Os outros motivos são: pensar que vai conquistar o amor do filho fazendo tudo o que ele quer; ter passado por privações ou ter se sentido pouco atendido, dando ao filho tudo o que gostaria de ter recebido; achar que ser bom pai ou boa mãe é atender a todos os pedidos dos filhos.

No entanto, é bom lembrar que essa conduta é prejudicial para o filho. O amor envolve não somente a atenção e o atendimento às necessidades da criança, mas também o preparo para que ela viva no mundo com os outros.

O "não" traumatiza?

Os psicólogos têm tido muito trabalho para corrigir uma das maiores distorções que o uso popular fez das teorias psicológicas: a de que não se deve frustrar a criança para que ela não fique traumatizada. Não existe teoria cientificamente validada que recomende a falta de limites como método de criar filhos sem problemas.

São nebulosas as origens desse erro de interpretação: remontam à década de 60, com as experiências de Summerhill, a onda da liberação sexual e do movimento *hippie*. No Brasil, a revolta contra o autoritarismo não só da família patriarcal como também do regime ditatorial, o horror à repressão e à censura ("é proibido proibir"), entre outros fatores, acrescentaram outras pinceladas a esse quadro que, segundo o ditado inglês, fez com que muitas famílias acabassem "jogando o bebê fora junto com a água do banho". Temendo serem vistos como castradores, repressivos e autoritários, muitos pais deixaram de exercer a autoridade parental e tornaram-se permissivos, inaugurando a "era da infantocracia", que tem tido resultados desastrosos, porque não consegue transmitir os valores básicos do convívio: respeito, consideração, cooperação, generosidade, solidariedade, responsabilidade.

Dilemas da modernidade

Entre as causas mais comuns da educação permissiva, encontramos o desejo de oferecer aos filhos uma educação diferente da que receberam no regime autoritário; sentimentos de culpa (por trabalharem muito, por terem se separado, por disporem de pouco tempo com os filhos), gerando a necessidade de "indenizá-los", dando-lhes tudo o que pedem ou deixando que façam tudo o que querem; o desejo de conquistar o amor do filho, o que os leva a distorcer a noção de "bons pais" como sendo aqueles que cedem a todos os desejos.

Espontaneidade não é grosseria nem falta de educação; encorajar a expressão da raiva não significa aceitar todas as suas manifestações (como, por exemplo, xingar, berrar ou bater); combater a violência doméstica (dar surras, humilhar, castigar de formas cruéis) não significa deixar de disciplinar utilizando as conseqüências cabíveis quando crianças e jovens se conduzem de modo inadequado ou abusivo.

A falta de limites prejudica o controle da impulsividade (a criança cresce pensando que os outros têm obrigação de satisfazer seus desejos de imediato e aceitá-la "do jeito que ela é", mesmo quando se torna insuportável); dificulta o controle da raiva (agride as pessoas quando contrariada, não aprende a atacar o problema sem desrespeitar os outros); diminui a tolerância à frustração (dificuldade de pensar em alternativas criativas quando não obtém o que deseja) e a capacidade de esperar para conseguir o que quer; estimula a tirania, o egocentrismo (dificuldade de perceber que os outros também têm direitos e desejos). Isso resulta em distúrbios de conduta e na sensação de vazio e de insatisfação (quanto mais tem, mais quer). O uso

Cá entre nós

de drogas e outras formas de consumo compulsivo tentam preencher, inutilmente, esse vazio.

Entre autoritarismo e permissividade, há "o caminho do meio": existem ocasiões em que "não é não" (questões inegociáveis) e outras em que crianças e jovens buscam, junto com os adultos, meios de solucionar impasses e conflitos de modo satisfatório para todos, em clima de respeito e consideração.

Limites colocados com firmeza e serenidade são expressões de amor e de cuidado que estimulam crianças e jovens a ser pessoas capazes de contribuir positivamente para a sociedade. É o que diz a psicologia.

Ela não me obedece!

Maria Clara está preocupada: "Minha filha de 2 anos não me obedece. Sente uma atração irresistível pelo aparelho de som, quer mexer nos botões e adora ver as luzes piscando; vive abrindo as gavetas e mexendo no que está lá dentro. Não sei mais o que fazer para que ela entenda que não pode mexer nessas coisas!".

Esclareci a ela que é preciso ter paciência, ser persistente em colocar limites de modo firme e rigoroso, oferecer alternativas possíveis e, de novo, fortalecer a paciência com amor e encantamento pela inesgotável curiosidade das criancinhas.

"Ela não me obedece", nessa fase da vida, significa "ela está muito interessada em pesquisar o que encontra no ambiente e descobrir tudo o que consegue fazer com as coisas que encontra". O acelerador da curiosidade é muito mais poderoso do que o freio da noção de "não posso fazer isso". A passagem da lei do desejo ("faço o que quero na hora em que me dá vontade") para a lei da realidade ("nem sempre posso fazer o que quero nem na hora em que me dá vontade") é um processo lento e gradual. Há adultos que ainda estão longe de completar esse processo...

Nos primeiros anos de vida, a criancinha não consegue refrear seus impulsos de modo consistente. Daí o trabalho paciente de repetir infinitas vezes "Aí não!", oferecendo alternativas que nem sempre conseguirão atraí-la. Parece que o objeto proibido tem um ímã poderoso, de modo que ela volta continuamente para tentar mexer no que não pode. Na etapa seguinte, a criancinha diz "Não, não!" para si mesma ou para outra pessoa que se aproxima do objeto proibido, para logo em seguida ela mesma tentar mexer. É o início da etapa da aceitação da proibição. Até que, por fim (mas nem sempre), ela aceita a restrição e se volta para alternativas atraentes e possíveis.

Os temperamentos variam: há crianças mais resistentes, que têm ataques de raiva quando são impedidas de realizar seus desejos, e outras que são mais flexíveis para aceitar as alternativas oferecidas. Variam também as reações diante dos limites colocados. Algumas crianças "batem de frente" e adoram desafiar as proibições; quando adquirem fluência verbal, são incansáveis e criativas em seus argumentos para tentar anular a proibição. Outras são mais cordatas e até mesmo excessivamente submissas, abrindo mão de seus desejos, cedendo às imposições com medo de desagradar aos outros.

Desenvolver a paciência e a flexibilidade para descobrir a melhor via de acesso ao diálogo com a criança é o grande desafio de pais e educadores. Um limite colocado de modo duro e incisivo pode ser muito eficaz para algumas crianças mas assustar desnecessariamente as mais sensíveis. Os limites são importantes para desenvolver a flexibilidade de aceitar uma impossibilidade e se interessar pelas alternativas possíveis.

Alfabetização de mídia

Nas palestras para pais e educadores, quase sempre surgem perguntas com relação ao uso da televisão e da internet, refletindo sua preocupação com a exposição de crianças e jovens a conteúdos prejudiciais à sua formação ou com a excessiva absorção que ocupa o tempo necessário para outras atividades, como a prática de esportes, jogos e brincadeiras.

Vivemos numa sociedade que democratiza o conhecimento, aumentando o acesso à informação e aos bens culturais, sem controle estatal. O excesso de informações e de escolhas de produtos e serviços é irreversível. Assim como precisamos orientar os filhos (e nós mesmos) na seleção de alimentos saudáveis e de exercícios que ajudem a cuidar bem do corpo, é importante guiá-los (e igualmente a nós próprios) na escolha dos alimentos para o cérebro e as emoções. Também nesse sentido, temos de nos alfabetizar.

Alfabetização de mídia é o processo de seleção consciente do que vamos assistir e de construção do equilíbrio entre o tempo gasto com a mídia e com outras atividades da nossa vida. Significa também desenvolver a visão crítica e a reflexão sobre o conteúdo dos programas e da publicidade.

A preocupação com a diferença entre os valores transmitidos pela família e os que estão retratados em novelas e noticiários pode resultar em temas interessantes de conversa. A

Cá entre nós

diferença de valores também se revela com base na observação de padrões de conduta de famílias de amigos ou de vizinhos, como tão bem apontam os adolescentes: "Ninguém tem uma mãe que fica controlando horários desse jeito!"; "De que adianta fazer curso de doutorado e ganhar tão pouco? Meu tio é que se deu bem na vida sem estudar tanto!". A visão crítica vinda da observação dos outros (vizinhos, amigos, celebridades entrevistadas pela mídia) desenvolve-se no decorrer da infância e pode contribuir para a própria reflexão dos adultos.

É claro que existe a ciberpatologia aditiva, com os seguintes sintomas:

• sentimento de euforia diante do computador, pensamento na internet quando se está fazendo outras coisas;

• aumento crescente da navegação, navegar sem rumo, dificuldade de se desconectar;

• alteração da vida relacional, desinteresse por outras atividades.

Com certeza, há pontos negativos quando se reserva uma grande fatia de tempo para a televisão e o computador: sedentarismo, problemas de visão, obesidade, inadequação do conteúdo ou péssima qualidade dos programas, isolamento, atividade monolítica. Mas o reconhecimento dos aspectos negativos não precisa anular os pontos positivos: fonte de informação, de entretenimento, ampliação de horizontes.

Dilemas da modernidade

A publicidade exerce tanto fascínio em todas as faixas etárias porque os anúncios falam do que gostamos, motivam com humor. A alfabetização de mídia tem relação com a defesa do consumidor porque, ao estimular a análise dos conteúdos dos anúncios, aumenta a probabilidade de que ele seja um consumidor crítico e criterioso, exigente e reflexivo.

Férias cansativas

Mauro voltou de uma viagem com a família dizendo que precisava "tirar férias das férias": "Planejamos tudo com o maior cuidado, esperando relaxar e aproveitar ao máximo aquela praia paradisíaca. Foi um inferno! Meu filho mais velho estava atacado, implicou com os irmãos o tempo inteiro, minha paciência acabou, briguei com minha mulher, que não queria deixá-lo de castigo, voltei para casa exausto e irritado. No próximo mês vai ter um feriadão e pensamos em ir para um hotel-fazenda. Já estou apreensivo...".

Férias em família oferecem oportunidades e desafios: o convívio no cotidiano da maioria das famílias é fragmentado, breves encontros no desencontro das agendas. Pais que trabalham em horário integral, filhos ocupados com aulas de natação, inglês, informática, judô, balé e outras atividades além do horário escolar. Nem sempre é possível tomar o café-da-manhã calmamente nem reunir todos à mesa de jantar. Nos fins de semana, os compromissos sociais de filhos e pais dificilmente permitem uma convivência mais prolongada.

O convívio em tempo integral numa viagem de férias oferece a oportunidade de trocas afetivas mais intensas, conversas significativas, partilhando interesses comuns. Por outro lado, existe o desafio de olhar mais de perto as dificuldades dos rela-

Dilemas da modernidade

cionamentos, há mais tempo para a manifestação do ciúme, da rivalidade, das provocações, que ficam diluídos no corre-corre do cotidiano.

Casais e famílias que temem a oportunidade de ter mais tempo livre para estar juntos e conversar mais profundamente organizam férias tão cansativas que precisam descansar quando voltam para casa. O excesso de atividades, os horários encadeados da manhã à noite, o ato de fazer programas totalmente separados apesar de estarem no mesmo lugar, tudo isso atende à demanda compulsiva de ação ("e agora, o que vamos fazer?"), numa ânsia de aproveitar ao máximo para conhecer os lugares visitados, sem que as pessoas se "visitem" no carinho e no aconchego de tempos compartilhados sem tanta pressa.

Mesmo quando as férias não incluem viagens, há famílias que ficam muito ansiosas para "fazer programas", como se ficar em casa também não pudesse oferecer oportunidades de lazer e de brincadeiras divertidas. Vejo muitos pais preocupados em montar o esquema das férias e crianças entediadas quando ficam em casa sem amigos disponíveis porque não têm nada de interessante para fazer. Onde está a criatividade para curtir boas férias em casa?

Há crianças que sufocam os pais com solicitações infindáveis, disputando cada minuto de atenção. Brigas e implicâncias atingem o objetivo de manter o foco da atenção, mesmo que seja por meio de censuras e castigos. Há um prazer secreto no poder de infernizar os outros e tumultuar o ambiente. Com filhos adolescentes e adultos que continuam gostando das viagens em família talvez aconteça o mesmo: os irmãos mais velhos podem disputar o poder de escolher o restaurante na hora do jantar ou o programa do dia seguinte. Quando a viagem em família inclui genros, noras e netos, torna-se ainda mais difícil conciliar interesses diferentes e administrar os conflitos despertados pelas rivalidades. Ainda mais sem a possibilidade de colocar gente grande de castigo quando não se comporta direito!

Tempo, tempo, tempo

Escrevi um *e-mail* para um daqueles amigos de quem gosto muito, mas que vejo pouco. Tentando combinar um encontro, perguntei: "Como está seu tempo?". Ele respondeu: "O tempo deixou de ser meu: só tenho trabalhado e trabalhado". Dois dias depois, por acaso vi outro amigo, que está com uns 60 e poucos anos, correndo entre um compromisso e outro. Em cinco minutos de conversa, disse-me que está trabalhando das sete da manhã à meia-noite, só dorme três horas por dia e lamenta não ter tempo nem para a família, nem para os amigos, nem para se divertir.

Por que estão trabalhando tanto? Para manter o "padrão de vida". Que vida? Quando o trabalho é o dono do nosso tempo e nos trata como um feitor, é sinal de que estamos no regime de escravidão. Não são poucas as empresas que "tiram o couro" dos empregados, temerosos de perder o posto para outros que estejam dispostos a sair do trabalho bem depois do final do expediente. Meus dois amigos são, como eu, profissionais liberais. O mercado é o patrão exigente, que ameaça o funcionário com a perda de posição caso se atreva a equilibrar o tempo para aproveitar melhor o amor e o lazer. Teoricamente, o profissional liberal é dono do seu tempo. Além de não contar com os benefícios de um emprego que paga um mês de férias e treze salários por ano, precisa atualizar-se, manter um bom padrão de qualidade de seus serviços e reinventar-se para continuar sendo requisitado. Mas, por outro lado, pode recusar propostas quando está sobrecarregado e arranjar tempo para curtir outros interesses.

No entanto, quantos acabam numa escravidão voluntária, até mesmo sem tempo para gastar o dinheiro reservado para o lazer? Aprisionados pela ilusão de segurança de uma boa conta bancária, renunciam a várias coisas por causa da necessidade de acumular bens ou de cobrir despesas nem sempre essenciais. E aí não podem parar de trabalhar, pois tirar férias significa deixar de ganhar dinheiro, e qualquer tempo e qualquer ambiente se transformam em oportunidades de continuar produzindo. Aposentadoria? Conheço muitos aposentados, com boa situação financeira, que trabalham bem mais do que quando estavam na ativa.

Sinto pena das crianças com a agenda lotada de compromissos, sem tempo para brincar. A carga horária de trabalho dos pais, o medo de deixar os filhos em casa sem supervisão confiável, a insegurança pública, que limita as áreas de lazer, e até o pensamento de que é preciso preparar os filhos para o mercado de trabalho desde cedo restringem o tempo de lazer e alimentam a idéia de que brincar é perda de tempo. Não é, não: brincadeira é coisa séria, é uma oportunidade de desenvolver habilidades e competências necessárias para a vida.

E, assim, a vida sonhada fica cada vez mais distante da vida real. O que você está fazendo da sua vida? O que quer fazer da sua vida? Um abismo separa as duas.

Incomodando os acomodados

O mercado de trabalho não está fácil na maioria dos países, não há perspectivas de que essa situação vá melhorar em curto prazo, muita gente com diploma está desempregada ou subempregada em outras áreas, existem poucas oportunidades disponíveis: os argumentos têm base real, mas são carregados como bandeiras por muita gente que se acomoda na queixa e até mesmo na vitimização, do tipo "A vida fecha as portas para mim".

Desenvolver o espírito empreendedor, aguçar o olhar para garimpar oportunidades e tirar o melhor proveito do que aparece, ter persistência para superar obstáculos aparentemente intransponíveis e criar saídas para as dificuldades são características dos que não se deixam abater pelas adversidades. Em meu trabalho com projetos sociais, vejo pessoas com histórias complicadas e problemas imensos que encontram muitas portas e janelas fechadas, porém com garra de luta, recusando-se a desistir, com uma energia inesgotável para enfrentar as dificuldades. Por outro lado, no trabalho com pessoas com ótima situação socioeconômica, noto desânimo, insatisfação, falta de motivação para progredir, tendência a desistir diante do primeiro obstáculo.

Cá entre nós

"Cansei! Decidi trancar a matrícula da faculdade do meu filho para não ficar gastando dinheiro à toa. É a segunda vez que ele começa e desiste porque acha que não é bem isso o que ele quer. No ano passado, ficou dentro de casa sem fazer coisa alguma, acordando tarde, vendo televisão, e eu dando dinheiro para ele sair. Desta vez vai ser diferente: enquanto não definir o que quer da vida, vai ter de trabalhar para pagar as próprias despesas", diz Nanci, mãe de um rapaz de 23 anos que desfruta, sem o menor peso na consciência, todas as mordomias da casa que ela sustenta trabalhando em horário integral.

Os acomodados não se perturbam com queixas e reclamações. Muitos pensam que o mundo tem uma dívida com eles, enxergam seus direitos com muita clareza, mas são míopes com relação aos seus deveres e à contribuição que precisam dar. Só as restrições colocadas com firmeza e consistência conseguem fazê-los mudar de comportamento, mesmo reclamando e se sentindo injustiçados. Diz o velho ditado: "Os incomodados que se mudem". Podemos dizer: "Os acomodados precisam ser incomodados para que possam mudar".

Se Nanci conseguir fazer o que diz, poderá contribuir para acabar com o conforto que alimenta a acomodação. Talvez o filho decida não voltar a estudar, mas então terá de trabalhar e viver com o que o salário lhe permitir. Alguns jovens acomodados se contentam com pouco, ficam em casa, não são consumistas, não se importam quando os pais cortam a mesada e o celular: o acomodado difícil de ser incomodado resiste mais à mudança e permanece desmotivado para abrir caminhos. Mas o pior é quando a família reclama e finge que pres-

Dilemas da modernidade

siona para que ele se mexa, porém continua oferecendo todas as mordomias e eternizando seu sustento: nesses casos, a motivação para a mudança é nula, e o acomodado continuará parasitando, sentindo-se no direito de receber assistência total da família sem a obrigação de retribuir, agradecer ou colaborar com o que quer que seja.

Gato e rato

Diz Érica, mãe de Joana, 13 anos: "Eu sei que ela sabe o que tem de fazer, mas parece que sente prazer em me desafiar, reclama que detesta obedecer ordens, deixa tudo para a última hora, aí eu fico atrás dela e é um inferno, a gente briga sem parar".

Mães e filhos ficam exaustos com esse jogo de controle e resistência, ordens e contestação. O comportamento oposicionista é muito comum nas crianças pequenas, que sentem um prazer especial em dizer "não", principalmente quando percebem que os adultos ficam exasperados com essa resistência às ordens. Na adolescência, ressurge a oposição impulsionada pela necessidade de auto-afirmação, de autonomia e de disputa de poder. A filha sente necessidade de se diferenciar: contesta, questiona e desafia não só porque pensa de outro modo, mas também porque tem medo de vir a ser um "clone" da mãe. Ficar igual à mãe significa não conseguir ser "ela mesma". Por isso é tão comum a adolescente criticar impiedosamente as roupas, o cabelo e as idéias da mãe, que se sente magoada e ofendida e, com isso, se fecha em copas ou contra-ataca, exacerbando os conflitos.

Como acabar com esse jogo de gato e rato, que tanto inferniza o convívio? O ponto em comum nas divergências é que, por mais que alguém sinta prazer em criar tumulto, as pessoas estão interessadas em viver em paz. Esse pode ser o começo de uma aliança para que ambas passem a atacar o problema, em vez de se atacar reciprocamente. Que necessidades podem ser reconhecidas de parte a parte e quais as ações que precisam ser postas em marcha para atendê-las?

Na passagem para uma nova etapa do desenvolvimento, nem sempre é fácil quebrar antigos padrões e inaugurar novos circuitos de comunicação. O padrão "mamãe tem de tomar conta da filhinha" precisa dar lugar ao padrão "a filha aprende a tomar conta de si mesma e a mãe vai cuidar da própria vida".

No jogo de gato e rato entre Érica e Joana, as brigas começavam de manhã: como Joana desligava o despertador assim que ele começava a tocar, Érica ficava com a missão de acordar a filha, pressionando-a para mudar de roupa, escovar os dentes e tomar o café-da-manhã a tempo, para evitar que Joana chegasse à escola depois da hora da entrada.

A rebeldia de Joana à pressão da mãe era tão grande que ela quase sempre chegava atrasada. As brigas matinais estavam tão desgastantes para ambas que Érica finalmente desistiu de "proteger" a filha das consequências dos atrasos: depois que a diretora fez algumas advertências e ameaçou coisas piores, Joana começou a acordar com o toque do despertador e a gerenciar o tempo necessário para se arrumar e chegar pontualmente às aulas.

Disciplina

O mercado de trabalho está valorizando cada vez mais o empreendedorismo e o autodesenvolvimento. "Quem sabe faz a hora, não espera acontecer": tomar a iniciativa de buscar oportunidades, em vez de ficar reclamando da vida e da falta de sorte; assumir uma postura ativa no sentido de aprimorar conhecimentos e habilidades, em lugar de fazer apenas o mínimo indispensável; desenvolver persistência para superar obstáculos, em vez de desistir e se encolher ao encarar as primeiras dificuldades. Essas são algumas das diferenças entre vencedores e perdedores.

O autodesenvolvimento depende intimamente da autodisciplina. Embora algumas crianças, desde pequenas, apresentem como traços de personalidade a organização, a persistência, a determinação e o esforço para o aperfeiçoamento, essas características podem ser desenvolvidas quando se exige disciplina, no contexto da família e da escola. O equilíbrio entre direitos e deveres, os limites colocados com consistência, firmeza e serenidade favorecem a disciplina, o primeiro passo para estimular o desenvolvimento da autodisciplina. Os adultos tomam conta da criança com a esperança de que, aos poucos, ela aprenda a tomar conta de si mesma.

Dilemas da modernidade

Em meu trabalho com jovens de classe média alta e baixa, vejo duas tendências bem distintas: há aqueles que têm visão de construção do futuro, motivados a se preparar da melhor forma possível para alcançar um bom desempenho. Muitos encontram o equilíbrio entre deveres e prazeres. Por outro lado, há os que se arrastam pela vida, com olhar vago, estudam para tirar a nota mínima exigida ou nem ao menos isso, ficam horas em estado de letargia diante da televisão ou compulsivamente ligados no computador.

Vivemos numa era de incertezas, ambigüidades e imprevisibilidade. Alguns encaram esse cenário como um desafio, buscando fazer o melhor possível, enquanto outros se deixam abater pelo desânimo e pela descrença, saindo do jogo antes do final; nem sequer enxergam as oportunidades e, quando as percebem, não se esforçam para aproveitá-las e abrir caminhos.

Em Joinville tive a oportunidade de visitar a Escola do Teatro Bolshoi no Brasil, a primeira fora da Rússia. É um belo projeto social, com crianças entre 9 e 11 anos rigorosamente selecionadas em escolas da rede pública, para uma formação de oito anos com a metodologia do famoso balé russo. Para permanecer no projeto, precisam ter bom desempenho escolar e desenvolver muita disciplina, persistência e esforço para, ao enfrentar as dificuldades e os desafios dessa aprendizagem, penetrar na magia da dança.

O resultado que se observa é emocionante: crianças que aproveitam essa oportunidade para o autodesenvolvimento. Embora estejam tendo uma formação que as capacita a dançar

Cá entre nós

nas melhores companhias do mundo, nem todas serão profissionais da dança. Porém, a disciplina exigida, que estimula a autodisciplina, sem dúvida abrirá bons caminhos para a dança da vida.

As atividades esportivas também ajudam a desenvolver disciplina, persistência e trabalho em equipe. Há crianças que insistem em ter aulas de futebol, natação ou ginástica olímpica, mas, assim que começam a perder o entusiasmo inicial, seus pais concordam em que elas interrompam a atividade. Essa rápida baixa de motivação deve-se à percepção da dificuldade de desenvolver uma habilidade: quando sentem que não vão se destacar em pouco tempo, as crianças não conseguem ter a paciência e a persistência indispensáveis para melhorar pouco a pouco seu desempenho. E nesse sentido precisarão ser incentivadas.

Escolhas

Em resposta à pergunta "O que vocês mais desejam para a vida de seus filhos?", Eugênio declarou: "Que eles sejam capazes de fazer boas escolhas". O grupo aplaudiu, concordando, e vários pais complementaram a resposta, dizendo que esse desejo sintetiza diversas preocupações: que os filhos aprendam a cuidar bem deles próprios, que não se envolvam com drogas, que tenham disposição para estudar e, mais tarde, se esforcem para trabalhar bem e sejam capazes de construir bons relacionamentos de amizade e de amor.

Esse desejo tem mão dupla: os filhos também se preocupam com as escolhas dos pais. Já vi crianças angustiadas implorando à mãe para parar de fumar ou pedindo insistentemente ao pai para não abusar do álcool; conheci jovens indignados porque descobriram que o pai tinha uma amante ou porque a mãe separada insistia em namorar "um cara que não tem nada a ver".

Entre casais, as escolhas de cada um podem alterar profundamente o equilíbrio de todo o grupo familiar. Lembro-me de uma família em que o homem escolheu envolver-se com uma seita segundo a qual, por exemplo, pintar unhas, ir a festas e dançar são consideradas "coisas do demônio". Com isso, passou a exercer uma pressão absurda sobre a mulher e as filhas adolescentes: o clima familiar tornou-se infernal. Para ele, uma boa escolha; para a mulher e as filhas, uma escolha ruim.

Em diversas situações, a diferença de qualificação das escolhas é muito subjetiva. Podemos achar, até em função de nossos preconceitos, que um filho está escolhendo mal sua companheira porque ela é de classe social menos favorecida ou reprovar o namorado da filha porque tem cinco anos a menos que ela. No entanto, apesar de não se encaixarem nos parâmetros convencionais, esses relacionamentos podem representar ótimas escolhas.

Por outro lado, vemos pessoas que fazem uma sucessão interminável de escolhas ruins e acabam se lamentando de que a vida não as favorece, que são azaradas, que com elas nada dá certo. Na verdade, são auto-sabotadoras: nem precisam de inimigos, porque dificilmente alguém conseguiria prejudicá-las mais do que elas mesmas. O que é sentido como azar quase sempre é falta de persistência para concretizar os sonhos em projetos de ação. O que é sentido como maldade da vida ou das divindades é quase sempre fruto de escolhas inadequadas que acabam resultando em histórias de final infeliz.

Não é fácil conviver com uma pessoa auto-sabotadora, seja ela filha, companheira ou amiga. Já ouvi muitos desabafos nesse sentido: a mulher preocupada com o marido que literalmente se mata de trabalhar e não cuida da própria saúde; a mãe entristecida quando vê o filho adulto obeso abusando da comida, do cigarro e do álcool. É difícil ajudar quem não quer se modificar. O sentimento de impotência é forte: tentamos alte-

Dilemas da modernidade

rar o teor das escolhas, argumentamos, debatemos, procuramos convencer a pessoa do contrário, apresentamos alternativas atraentes. Nada. No fim, a tristeza de constatar que ela entrou numa espiral descendente, piorando a olhos vistos, atraída pelo abismo, e que não temos tanto poder quanto gostaríamos.

A televisão

Em uma de minhas viagens pelo interior do Brasil passei por um pequeno povoado, as casas com portas e janelas abertas para a rua. À noite, não vi pessoas conversando nas calçadas: era a hora da novela. Em todas as casas, as televisões sintonizadas no mesmo canal destacavam-se nas salas modestamente mobiliadas.

A Pesquisa Nacional por Amostra de Domicílios (PNAD) de 2001 revela que, dos bens duráveis, somente o fogão (presente em 97% dos lares) é mais comum do que a televisão (89%). Nos lares brasileiros, há mais aparelhos de televisão do que rádios e geladeiras.

Existem crianças que passam mais tempo vendo televisão do que na escola ou brincando com os amigos. Com isso, sofrem limitações no desenvolvimento de habilidades corporais e de interações sociais. Infelizmente, em muitas famílias, a televisão é babá eletrônica das crianças pequenas e companheira dos maiores.

A família pode fazer acordos quanto ao uso da televisão: desligar o aparelho na hora do jantar, para que se possa conversar, assistir a alguns programas juntos para trocar idéias, selecionar o que é apropriado para ver. Isso pode fazer parte da educação para o consumo inteligente: não ficar passivamente diante da telinha vendo programas de má qualidade só para relaxar ou preencher o tempo livre. Além disso, conversar sobre o conteúdo dos progra-

Dilemas da modernidade

mas e das mensagens publicitárias pode estimular a reflexão e aguçar a percepção crítica dos valores que estão sendo veiculados.

Nem sempre é fácil resistir à pressão dos amigos que criticam quem está por fora dos personagens das novelas ou dos desenhos animados mais violentos. Da mesma forma, não é fácil resistir à pressão do apelo ao consumo, estimulado pelos inúmeros objetos de desejo apresentados por comerciais primorosamente elaborados. Muitos deles encorajam a venda de produtos com a mensagem de que você se tornará uma pessoa mais importante ou desejável, confundindo os conceitos de ter e ser.

Uma pesquisa da Associação Americana de Psicologia mostra que, ao terminar o ensino fundamental, as crianças americanas já assistiram a cerca de 8.000 assassinatos e 100.000 atos de violência em programas de televisão. Embora a excessiva exposição à violência na mídia não seja o único fator responsável pelo aumento da agressividade em crianças e adolescentes, muitos especialistas acreditam que ela facilita a identificação com modelos agressivos glorificados como heróis, estimula a crença de que a violência é um modo aceitável de resolver conflitos e embota a capacidade de sentir compaixão pelo sofrimento das vítimas.

A televisão pode ser uma porta aberta para o mundo, trazendo informações, mostrando culturas diferentes, oferecendo diversão saudável. Cabe às famílias escolher os programas e à sociedade exigir um código de ética das emissoras para que ofereçam programação de boa qualidade, que respeite os valores fundamentais do convívio.

Deveres e prazeres

Em minhas palestras para professores, são comuns as dúvidas sobre o que fazer com os alunos que ficam sonolentos durante as aulas porque ficam até altas horas vendo televisão ou no computador trocando mensagens pelo MSN, expandindo a rede de relacionamentos do Orkut ou pesquisando novos *sites*. A maioria dos pais também não sabe o que fazer. Ficam perdidos entre o medo de ser autoritários, se restringirem o uso da televisão, do computador e dos jogos eletrônicos, e o cansaço de falar a mesma coisa infinitas vezes sem o menor efeito.

No entanto, uma das metas do desenvolvimento pessoal é alcançar a auto-regulação entre deveres e prazeres. Nos primeiros anos de vida, essa auto-regulação é precária: a criança resiste bravamente quando sua brincadeira é interrompida porque está na hora de tomar banho ou de ir para a cama. Há crianças maiores e adolescentes que adquirem com facilidade o hábito de fazer as tarefas e depois aproveitar o tempo livre para seu prazer.

Para alguns, a construção dessa auto-regulação entre deveres e prazeres é uma batalha duríssima: adiam a hora de estudar, de tomar banho e outras obrigações para o último minuto,

Dilemas da modernidade

depois de horas de brigas desgastantes, ou então se distraem, brincam durante o estudo, retardam a hora de escovar os dentes ou de guardar os brinquedos espalhados pela casa. Alguns deles tornam-se adultos dispersivos, com dificuldades de organização e de administração do tempo, desatentos com seus pertences, esperando que alguém faça o que eles não se dispõem a fazer.

A auto-regulação entre deveres e prazeres está intimamente ligada à capacidade de tomar conta do tempo: organizar-se nas tarefas, vencer a tentação de distrair-se e fortalecer a atenção e a concentração. Por exemplo, não se perder brincando com o lápis, para depois se queixar de que não tem tempo para brincar de outras coisas. As crianças com dificuldades nessa área (quadro de déficit de atenção e concentração, associado ou não à hiperatividade) precisam de tratamento especializado para superar os problemas de aprendizagem. No entanto, mesmo com esse trabalho, a função da família é indispensável. Esse é um processo muito cansativo e desgastante: demanda atitudes firmes e consistentes, construção de acordos para rotinas e horários, estabelecendo conseqüências a ser aplicadas quando os acordos não são cumpridos.

Esse plano para o desenvolvimento da auto-regulação precisa ser feito sob medida, respeitando as características da criança ou do adolescente. Há os que são verdadeiramente capazes de estudar vendo televisão ou ouvindo música; há os que acordam com boa disposição após um número de horas de sono menor do que o recomendado.

Mas, mesmo que seja a duras penas, a construção da auto-regulação precisa ser feita. Até mesmo as pessoas mais criativas podem aumentar sua produtividade com a auto-regulação: alguém já disse, com toda a razão, que na composição de uma obra entram 5% de inspiração e 95% de transpiração!

O dinheiro não dá!

Renda familiar pequena ou grande; profissionais liberais e terceirizados com as inevitáveis oscilações da demanda por seus serviços; trabalhadores cujos salários não acompanham a alta dos preços: em todas essas circunstâncias, disciplina financeira é fundamental. No meu trabalho com diferentes classes sociais, vejo famílias de baixa renda que conseguem organizar uma poupança e pessoas que ganham muito dinheiro e não só gastam tudo o que ganham como vivem em débito com cartões de crédito e cheques especiais.

O equilíbrio entre receita e despesa é essencial não só para equilibrar as contas do governo, mas também para nossa vida pessoal e familiar. Não é tarefa fácil em países com economia instável, recessão e alto índice de desemprego. Porém, seja em contextos mais favoráveis, seja nos mais difíceis, a disciplina financeira é indispensável; nesse sentido, a mesada tem valor educativo, quando se respeita o acordo feito evitando cair no padrão de dar um dinheiro extra para cobrir todos os impulsos de compras que estão fora da previsão.

Economizar para comprar algo desejado estimula o fortalecimento da nossa capacidade de espera e de tolerância à frustração. Quando uma criança decide não gastar a mesa-

Cá entre nós

da na cantina da escola e juntar o dinheiro para comprar um brinquedo desejado, está exercitando o planejamento financeiro, aprendendo a valorizar o que pode conseguir com os próprios meios, percebendo a ligação entre escolhas e renúncias. É claro que essa reflexão se aplica às crianças de lares mais favorecidos. Um grande número de famílias no Brasil não tem dinheiro nem para cobrir as necessidades básicas.

Há famílias, especialmente as mais abastadas, que não percebem a importância da construção dessa habilidade e prontamente atendem aos pedidos de consumo impulsivo e impensado que nos faz comprar tantas coisas desnecessárias.

A solidariedade familiar também se exercita em períodos de aperto financeiro por causa de desemprego, gastos imprevistos ou decisões de investimento, por exemplo, na compra da casa própria. A flexibilidade e a compreensão são necessárias para decidir onde serão os cortes, quais coisas eram consideradas essenciais e passam a ser supérfluas. Para muitas famílias, não é fácil adaptar-se a uma queda do padrão de consumo, mesmo quando os cortes não atingem necessidades realmente essenciais. Na confusão entre ter e ser, muitas pessoas sentem-se rebaixadas em seu próprio valor quando estão sem condições de comprar produtos com as marcas valorizadas por seu grupo social.

Bem-estar e alegria não dependem de preencher os fins de semana com programas e compras. Vejo muitas crianças de classe social alta que, no domingo à noite, se sentem tristes e insatisfeitas: no consumo compulsivo, a prisão do "quero mais,

Dilemas da modernidade

e cada vez mais" torna um "agora chega!" intolerável, desvalorizando imediatamente tudo o que foi obtido sem o menor esforço. Por outro lado, também vejo crianças e famílias capazes de construir muita alegria com pouco dinheiro porque conseguem descobrir a riqueza da simplicidade de um passeio numa área de lazer ou de uma conversa animada em torno de uma boa macarronada.

Reclama, mas faz

"Vá arrumar seu quarto!"; "Quantas vezes tenho de repetir para não deixar os copos sem lavar na pia da cozinha?"; "E a toalha molhada no chão do banheiro, rapaz?" São queixas, cobranças e reclamações que encontram como resposta: "Já vou!"; "Espera só eu terminar de ver esse negócio na televisão"; "Ah, mãe, não enche!"

No fim da ladainha, a mãe que não suporta ver bagunça na casa acaba arrumando tudo ou pedindo à empregada que o faça. E a mensagem, claramente captada pelos filhos, é que, se eles não atenderem a ordem ou o pedido na hora, não precisarão se preocupar. Alguém fará por eles. Por mais irritada, frustrada ou magoada que a mãe fique, ela reclama, mas faz. E será sempre assim: quanto mais ela fizer pelos outros, mais reforçará o circuito.

É claro que o circuito do "reclama, mas faz" acontece em outros relacionamentos: entre casais, no trabalho em equipe em que um se sobrecarrega e os outros pouco contribuem. O raciocínio mais comum dos que acabam fazendo a sua parte e a dos outros é: "Se eu não fizer, ninguém faz". Por trás das reclamações e das acusações de ser explorado, pode-se encontrar o prazer de sentir-se insubstituível, ou o prazer de controlar e tomar a dianteira em muitas situações.

É impressionante a capacidade que temos para montar equações de vida, criando a ilusão de certeza matemática no campo

Dilemas da modernidade

complexo e mutável dos relacionamentos humanos. Como não mudamos nossa postura, o resultado da equação funciona como uma profecia infalível, até porque não damos tempo para o teste da realidade: "Se eu não pegar as roupas que ele deixa espalhadas pelo quarto, tenho certeza de que em duas semanas o armário estará vazio". Por que não deixar que isso aconteça para ver o cidadão se surpreender sem cuecas limpas?

No circuito da comunicação, o que fazemos e dizemos influencia o que o outro faz e vice-versa. Quando um dos participantes desse circuito altera sua conduta, isso repercute nos demais. Porém, na síndrome do "reclama, mas faz", o medo de sentir-se menos útil ou menos importante é um motivo poderoso que impede a pessoa de mudar o padrão e aguardar os resultados.

É curioso observar em muitas famílias ou em equipes de trabalho os circuitos repetitivos: temos a impressão de que há um roteiro decorado por todos, num espetáculo encenado diariamente. Diz uma funcionária: "É sempre a mesma coisa, minha chefe lê meu relatório e começa a apontar os defeitos; eu fico magoada e começo a me justificar; ela continua criticando os pontos fracos e nunca menciona o que está bom e eu saio de cara feia. E ela mesma acaba reescrevendo o texto". Pensa, com toda a razão, a criança: "Se eu continuar dizendo que não quero comer, eles vão me ameaçar com castigos, mas vão fazer tudo o que eu mandar". Estratégias requintadas de dominação são montadas e funcionam maravilhosamente bem. Em casos como esse, o circuito só será alterado quando os adultos responsáveis interromperem a atitude de súplica e deixarem a criança (muito bem nutrida, por sinal) sentir fome de verdade.

"Mamãe, compra!"

— Mãe, vamos sair pra comprar alguma coisa?
— Comprar o quê, menino?
— Ah, sei lá, qualquer coisa!

Marcelo, 7 anos, mimado e voluntarioso, sempre faz escândalo quando sai na rua com sua mãe. Silvana explode: "Quando cisma que quer uma coisa, tem de ser na hora. Sair com ele virou um martírio: é botar o pé na rua e esse menino começa a pedir para comprar alguma coisa, não importa o quê; acabo comprando uma bobagem qualquer que logo será deixada de lado".

É uma queixa comum a muitos pais de classe média: o quarto da criança está entupido de brinquedos, pouco utilizados. O olho na televisão e nas vitrines cria novos desejos que dão origem a pedidos insistentes, que acabam minando a paciência dos pais. Estes, por cansaço ou por vergonha das cenas de choro, gritos e demonstrações de infelicidade, cedem e compram o que os filhos pedem, mesmo sabendo que essas coisas serão abandonadas assim que chegarem em casa ou, na melhor das hipóteses, despertarão um interesse muito passageiro e logo farão parte do "cemitério dos brinquedos" dentro dos armários.

A criança acostumada a esse circuito do pede-ganha acaba criando um estado interior de profunda insatisfação: passa a

Dilemas da modernidade

ser dominada por desejos impulsivos, exigindo satisfação imediata que não preenche as necessidades por muito tempo. Logo surge um novo buraco, aumentando a sensação de vazio que gera o circuito do "quanto mais tem, mais quer", ou do "quero mais, quero agora". O que a criança tem passa a ser imediatamente desvalorizado, vem a queixa do "eu não tenho nada", "você não me dá nada". O desejo se concentra naquilo que ainda não está em mãos. Os pais de Ana Cláudia ficam perplexos quando ela chora, sentindo-se profundamente infeliz, diante do armário cheio de roupas, porque nenhuma serve para ir à festa no sábado; ou então se irritam quando ela se atrasa para a escola, com dificuldade de escolher o sapato que vai usar.

Insatisfação, voracidade, reclamações e queixas incessantes: pais, tios e avós ficam com a sensação de que, por mais que se esforcem para dar o que a criança pede, mais ela exige e se mostra infeliz. Acabam todos frustrados, insatisfeitos e irritados uns com os outros. A compulsão de comprar mais roupas ou objetos, de comer mais um pouco pelo medo de sentir fome, de começar uma nova atividade quando ainda nem completou a anterior são manifestações da ansiedade do vazio que nunca consegue ser preenchido. Entrar automaticamente nesse circuito do "pede-ganha" acaba sendo prejudicial para a criança. Atenção e carinho não podem ser substituídos por presentes, e nem sempre o ato de dar o que a criança pede é expressão de amor.

Os meios de comunicação nos bombardeiam incessantemente, induzindo ao consumo e veiculando a mensagem do "quanto mais tem, mais é". As crianças fazem esse jogo de

Cá entre nós

contar vantagens: "Sou melhor que você porque tenho uma mochila de marca, que custou mais caro que a sua". A importância das pessoas é medida pelo valor de suas posses, e isso passa a ser o principal critério da seleção dos amigos. Reavaliar os hábitos de consumo, questionar os filhos (e nós mesmos) sobre a real necessidade de uma determinada compra são caminhos úteis para a construção do consumo consciente e da convicção de que ser vale mais do que ter.

Choque de valores

Uma das questões mais freqüentes que me pedem para abordar nas palestras refere-se à dificuldade de transmitir valores, tais como o respeito à verdade e às leis, a honestidade e a retidão de caráter, vivendo numa sociedade em que se destacam as notícias de denúncias de corrupção nos altos escalões, casos de enriquecimento ilícito, homicídios e outros crimes que ficam impunes, além dos inúmeros atos de desrespeito e incivilidade que presenciamos ao andar pelas ruas: homens que urinam nas vias públicas, fezes de animais domésticos que os donos nem se preocupam em recolher das calçadas, o vizinho com o som nas alturas quando queremos dormir ou que deixam os sacos de lixo abertos na área comum dos apartamentos.

Como se isso não bastasse, há a contradição entre os valores de relacionamento que as famílias desejam transmitir e os que são veiculados pelas novelas e seriados: infidelidade, maus-tratos, banalização do sexo (sem mencionar os riscos e as conseqüências negativas dessas condutas), bandidos, oportunistas e "espertinhos" que acabam se dando bem, pessoas corretas que não conseguem "subir na vida". Enfim, não dá para garantir que "os maus serão castigados e os bons serão premiados". Nem sequer para ter certeza de que o crime não compensa, pois o malfeitor viverá atormentado com o peso da consciência: a simples observação do cotidiano e do noticiário mostra muitas pessoas em conflito com a lei sem o menor traço de arrependimento, mentindo deslavadamente sem a menor culpa e dormindo sem necessidade de tranqüilizantes. Os psicopatas são pessoas inteligentes, capazes de armar golpes extremamente sofisticados para atender aos próprios interesses, porém incapazes de respeitar os princípios éticos mais elementares, porque consideram os outros como objetos a ser utilizados da maneira que melhor lhes convier.

Os pais também se preocupam com os filhos desmotivados para o estudo: estes argumentam que o diploma não garante bons salários e há muitos pós-graduados desempregados. Questionam o pensamento dos pais que ainda dão valor aos que "vestem a camisa da empresa", aconselhando dedicação e lealdade ao emprego, ao passo que os jovens adultos, vivendo no cenário dos vínculos de curta duração, tratam de melhorar sua empregabilidade, investindo na própria carreira, leais a si mesmos, prontos para sair de onde estão e trabalhar em outra empresa que lhes ofereça melhores oportunidades de crescimento profissional.

Não é fácil lidar com o imediatismo dos adolescentes e dos jovens adultos que esperam grandes recompensas em curto prazo e com o mínimo de investimento num cenário social em que nem sempre os mais esforçados e persistentes conseguem os melhores resultados. Um grande número de famílias teme o envolvimento dos jovens no tráfico de drogas por causa dessa sedução do "dinheiro fácil", embora ilegal e com alto risco.

Dilemas da modernidade

Tampouco é fácil lidar com o sentimento de descrença, desilusão, decepção e impotência diante de tantas evidências de desrespeito à ordem e à lei. O importante é não desistir de fazer uma reflexão mais profunda sobre a realidade observada, ter uma visão crítica sobre as transgressões feitas em maior ou em menor escala (inclusive por nós mesmos) e a necessidade de desenvolver a cidadania, contribuindo para o fortalecimento da sociedade civil que sabe exigir seus direitos e cumprir seus deveres. Sobretudo, falar pelo exemplo (as ações têm um impacto bem maior do que as palavras), recusando-se a cultivar a cultura da impunidade dentro da própria casa.

Capítulo 2

Semelhanças nas diferenças

O mapeamento do genoma humano sugere que todos nós viemos da mesma família original. A globalização e o aumento do fluxo migratório estão criando uma nova dinâmica familiar nas diversas culturas, sociedades e religiões. Nesses novos grupos sociais, os valores são plurais, multiétnicos e multiculturais. Precisamos buscar denominadores comuns entre os povos de diferentes contextos e objetivos para construir um futuro comum.

Do lar individual ao lar planetário: as famílias têm importância crucial na educação de cidadãos globais no sentido de criar uma sólida cultura de tolerância pela diversidade, juntamente com o reconhecimento da semelhança essencial entre todos os seres humanos.

As principais mudanças culturais das últimas décadas refletiram-se nas organizações e nos relacionamentos familiares e transformaram a experiência do crescimento, principalmente devido a fatores como: menor taxa de fecundidade, maior expectativa de vida, a mudança do papel da mulher, o alto índice de divórcios e novas uniões, o aumento de mães solteiras e adoções sem vínculo conjugal, o aumento da visibilidade de casais e famílias de gays e lésbicas e o aumento de casamentos em que ambos trabalham.

Com tudo isso, a pesquisa sobre famílias começou a focalizar a área comum a todos esses tipos de organização familiar, procurando descobrir as particularidades e os desafios específicos de cada uma delas. Nos textos deste capítulo, você saberá mais sobre as características de várias organizações familiares e como lidar com alguns desafios específicos; verá também a relação entre a família de cada um de nós e a grande família humana, num mundo cada vez mais interligado e interdependente.

Laços de amor

Na visão tradicional, quando se falava em núcleo familiar, a referência era o lar composto por pais casados e seus filhos, morando na mesma casa. Essa maneira de viver em família era chamada de lar estruturado, ao passo que outras organizações familiares (com pais separados, recasados ou solteiros) eram consideradas lares desestruturados.

Atualmente, essa visão é tida como preconceituosa: quem se dedica ao estudo das famílias vê que lares estruturados e desestruturados podem existir em qualquer tipo de organização familiar. Há famílias com pais casados que são extremamente desarmônicas, enquanto há famílias com pais separados ou recasados em que predomina a harmonia. Ainda existem pessoas que, ao se separar, dizem que a família acabou. No entanto, a família não acaba: ela se transforma. Cada maneira de viver em família tem suas dificuldades específicas e suas possibilidades de construir um bom convívio entre seus membros.

A definição de família não se rege necessariamente pela existência dos laços de sangue. As famílias compostas pelo recasamento e pela adoção mostram claramente que são os laços do amor que formam o alicerce básico do compromisso de cuidar: em algumas famílias de pais separados, os filhos de uma mulher podem ligar-se mais profundamente a seu novo

Semelhanças nas diferenças

marido do que ao próprio pai; inúmeras pessoas que adotaram filhos, inclusive crianças maiores, sentem essa evolução do amor que brota do convívio e do compromisso de acompanhar o desenvolvimento desses "filhos do coração".

Portanto, laços de amor podem ser criados sem os laços de sangue. E mais: laços de sangue não garantem a existência dos laços de amor. A maioria dos casos de violência doméstica acontece com pais biológicos. Eles espancam, humilham, aterrorizam, abandonam, negligenciam o atendimento das necessidades básicas dos filhos ou abusam deles sexualmente.

O compromisso do cuidado amoroso, a responsabilidade de acompanhar a vida e promover o crescimento saudável, o respeito, a rede solidária do convívio atencioso, o carinho, o apoio e a certeza de que é possível contar uns com os outros são os ingredientes fundamentais para que aquele determinado grupo de pessoas forme uma família.

É claro que as expressões do amor incluem muitos outros sentimentos, tais como a raiva e o ciúme. Por competição, inveja e disputa pelo poder, irmãos brigam ferozmente; há momentos em que se divertem vendo o outro sofrer com suas implicâncias torturantes. Pais estressados, cansados, preocupados com as incertezas da vida podem ficar irritadiços e impacientes, explodindo com os filhos por questões mínimas. Tristeza e mágoa, pedidos de atenção e de cuidados talvez sejam expressos por condutas agressivas ou insistências irritantes. Mas, mesmo nos momentos de brigas e desentendimentos, o amor pode predominar.

A oportunidade das crises

"Em épocas de crise, uns choram e outros vendem lenços." O ideograma chinês para "crise" significa, ao mesmo tempo, perigo e oportunidade. Perigo de tornar crônicos o desânimo e a desesperança que nos tiram as forças e colocam a auto-estima no chão. Oportunidade de abrir novas trilhas, procurar portas abertas em vez de esmurrar a que se fechou.

A estrada da vida (das pessoas, das famílias, das empresas e das comunidades) tem trechos de pedra e de asfalto: períodos de grandes dificuldades e épocas em que as coisas andam bem. Há as crises inevitáveis, que precisamos enfrentar, procurando as oportunidades nelas embutidas e usando a criatividade para encontrar saídas; e há as crises criadas pela própria pessoa (ou por toda uma equipe de trabalho), com aquela nuvenzinha cinza em cima da cabeça: "Oh, dia, oh, vida, oh, azar!". Essas são nutridas pelo pessimismo, pelas mágoas, pelo mau humor de quem escolhe a infelicidade como guia e se sabota ao primeiro sinal de progresso ou realização.

Desenvolver a flexibilidade para olhar os mesmos fatos sob diferentes ângulos aumenta a possibilidade de alterar a qualidade de vida de pessoas, famílias, empresas e comunidades: mudando a maneira de olhar, mudamos a maneira de sentir e, por conseguinte, a maneira de agir. Como no caleidoscó-

Semelhanças nas diferenças

pio, podemos criar diversas imagens, fazendo pequenos movimentos com as mesmas peças.

Dar oportunidades a nós mesmos e oferecer oportunidades de desenvolvimento a outros: contribuir para a melhoria da auto-estima alheia ajuda a construir a crença em nossa própria competência.

Para superar as crises pessoais, institucionais e mundiais, há uma postura indispensável: parar de reclamar ou de se lamentar, e começar a agir, em termos individuais e coletivos. Isso significa participar de uma revolução silenciosa porque ainda não suficientemente divulgada: os projetos sociais bem-sucedidos, que abrem caminhos de esperança e de autodesenvolvimento para milhares de pessoas. Esses projetos precisam se multiplicar com o crescimento da responsabilidade social de pessoas e de empresas em parceria com entidades governamentais e não-governamentais. Daí poderá surgir a força necessária para pressionar o Estado a cumprir suas obrigações.

Aí está a profunda ligação entre crises, autodesenvolvimento, auto-estima e responsabilidade social. Ao contribuir para a melhoria da qualidade de vida de pessoas e comunidades, nos desenvolvemos, aumentamos nossa própria auto-estima e criamos novos recursos para atravessar as crises particulares. É fascinante acompanhar histórias de pessoas, famílias, empresas e comunidades que, demolidas, "dão a volta por cima" e renascem revigoradas, como no mito da fênix que emerge das cinzas. Buscar forças dentro, ao lado e acima de nós, fortalecer nossa resiliência (a capacidade de superar adversidades), tomar a decisão de encarar os obstáculos, descobrir e desenvolver competências individuais e coletivas são as chaves do sucesso para crescer nas crises.

Pare e pense: quais foram as crises mais importantes que você atravessou? Que recursos utilizou para superá-las? Qual foi a ajuda mais eficiente que você recebeu quando estava atravessando a crise? Como poderá construir uma "tecelagem de recursos" junto com outras pessoas, para fortalecer a resiliência e a auto-estima? Essas são as perguntas norteadoras que ampliam nossos recursos de vida.

E então? Na próxima crise, o que você vai fazer: chorar ou vender lenços?

Aliviando a sobrecarga

"Não vai saber escolher os legumes e as frutas com o cuidado necessário"; "Não sabe tirar a poeira para fazer uma limpeza decente"; "Não consegue dobrar as camisas direito". Maria Amélia não confia na competência da "equipe familiar" e acaba se sobrecarregando de tarefas porque acredita piamente que ninguém faz melhor do que ela, que o padrão de excelência dos outros está abaixo da crítica. Exausta, queixa-se da ineficiência das empregadas, do desleixo dos filhos, da lentidão da ajuda solicitada e continua tomando a dianteira, convencida de que, se ela não fizer, ninguém fará.

Fábio é um chefe centralizador, não consegue confiar na competência de sua equipe: em constante vigilância e desconfiança, para ele é impossível trabalhar em rede, não dá para compartilhar responsabilidades e, muito menos, o poder. É difícil trabalhar em cooperação em meio a tanta cobrança e pressão nesse contexto de "manda quem pode, obedece quem tem juízo". Estressado com o acúmulo de tarefas, é o primeiro a chegar à empresa e o último a sair, sentindo nos ombros o peso da sobrecarga de não delegar poderes de decisão a nenhum dos níveis hierárquicos: tudo tem de passar por suas mãos.

A exigência de produtividade máxima atormenta muitas pessoas, estimulando a sensação de culpa e de desperdício de tempo quando "ficam de bobeira". Cada dia é uma sucessão interminável de tarefas a cumprir: telefonemas a dar, correspondência eletrônica em dia, agenda organizada, contatos feitos. Para muitos, essa exigência é um escudo protetor contra o medo de parar para pensar e concluir que não está bom viver desse jeito; para outros, parar representa o risco de cair em depressão, de se sentir inútil, descartável ou facilmente substituível.

Há situações em que a sobrecarga acontece independentemente dos fatores pessoais. É o caso de muitas empresas que, por causa das revisões orçamentárias, reduziram o número de funcionários, e poucos passaram a fazer o serviço de muitos; em alguns escritórios de profissionais liberais e no setor de serviços, a carga de trabalho ultrapassa em muito as oito horas diárias; a distância entre a casa e o trabalho, juntamente com os problemas do trânsito, leva o trabalhador a perder horas preciosas de seu dia. Nessas circunstâncias, "viver para trabalhar e pagar contas" é uma realidade difícil de modificar substancialmente.

Quando tais circunstâncias externas se agregam à sobrecarga auto-imposta, a vida passa a ser a filial do inferno. As diversas manifestações do estresse e da fadiga crônica começam a pipocar pelo corpo, trazendo permanente sensação de angústia. Adoecer torna-se a única maneira de ausentar-se temporariamente dessa engrenagem louca. Mas, antes que isso aconteça, devemos nos esforçar para pensar seriamente naquilo que podemos deixar de fazer e no que podemos delegar a outros. É possível fazer uma ginástica mental para estabelecer prioridades em nossa agenda, distinguir entre o supérfluo e o essencial, entre o urgente e o que pode esperar. Nem sempre é má idéia inverter o ditado: "Deixe para amanhã o que não precisa fazer hoje".

Homem, pai e profissional

Mulher, mãe e profissional: o equilíbrio difícil, porém possível, mesmo que a duras penas. E homem, pai e profissional? O trabalho ocupa a maior fatia do tempo e da energia da maioria dos homens. As mulheres queixam-se da falta de parceria nas tarefas da casa e nos cuidados com os filhos. Há homens que "ajudam", mas são poucos os que de fato compartilham.

Embora haja homens que cuidam da casa e cozinham maravilhosamente bem, muitos ainda acham que essas funções são femininas. Algumas mulheres também conservam esse pensamento, a julgar pela diferença de criação entre meninos e meninas. Estas são mais solicitadas a participar das tarefas domésticas. Os meninos e os rapazes costumam ser bem menos requisitados.

O aspecto cuidador do homem ainda tem muito espaço para se desenvolver. O aspecto provedor das mulheres está mais ativado: no Brasil, cerca de 30% das famílias são chefiadas por elas. O aspecto cuidador pode ser desenvolvido nos meninos desde cedo, mas para isso muitos preconceitos precisam ser superados, até mesmo o clássico "menino não brinca com bonecas". No entanto, quando meninos e meninas brincam de casinha, de panelinhas, de cuidar dos bonecos-filhos, estão construindo os pilares da parceria. Da mesma forma, quando os meninos são solicitados a colaborar com os irmãos menores, também desenvolvem o aspecto cuidador.

As mulheres se exigem (e os homens delas esperam) flexibilidade na administração do tempo para desempenhar seus vários papéis: exaustas, tentam ser atraentes para os companheiros e ajudam os filhos nos deveres escolares. Por que tantos homens se permitem uma total entrega à exaustão, afundados no sofá, sem charme, sem romantismo, cansados demais para o carinho? Por que ficam tão insensíveis aos chamados dos filhos, absorvidos por telefonemas e *e-mails* pós-trabalho que roubam tempo de convívio familiar?

"Fiquei tão ausente que nem vi meus filhos crescerem" é a reflexão triste de muitos homens que, mergulhados no trabalho, atrofiaram outras possibilidades de crescimento pessoal. A lacuna do pai ausente, mesmo doída, acaba resultando, em muitos homens, na repetição da omissão quando eles se tornam pais, passando para a geração seguinte o velho preconceito de que "educar filhos é tarefa de mãe".

É claro que é difícil persistir na busca do equilíbrio entre nossas múltiplas funções. As ameaças de desemprego, demissão e corte de pessoal geram estresse permanente; as pressões e a demanda por maior produtividade acarretam sobrecarga de tarefas e aumento da carga horária de trabalho; a instabilidade, a incerteza e a imprevisibilidade fazem parte do cotidiano de todos nós. Buscar o equilíbrio entre ser homem, pai e profissional é difícil, mas não impossível. Principalmente quando homens e mulheres se tornam verdadeiramente parceiros (mesmo se não forem casados) nas funções de prover e de cuidar.

Autoridade de controle remoto

Leonardo está indeciso, sem saber que atitude tomar com o filho adolescente: "É a segunda vez na semana que minha ex-mulher me liga de madrugada dizendo que nosso filho passou do horário combinado para chegar em casa, não avisou e desligou o celular. Já disse a ele para não deixar a mãe preocupada, mas o que posso fazer se não moramos mais na mesma casa? Ela vive falando mal de mim para ele, mas na hora do aperto quer que eu resolva os problemas".

Cada organização familiar tem características e desafios peculiares. Um dos problemas das famílias com pais separados é a "autoridade de controle remoto": o que fazer para assegurar o respeito aos acordos de convívio nos dois lares?

O desafio mais difícil da separação é dissolver o vínculo conjugal mantendo o vínculo parental. A separação dos pais não é necessariamente traumática para os filhos, mas há áreas de risco: desautorizar o ex-cônjuge, depreciá-lo, ressaltar suas deficiências sem reconhecer os méritos. Um marido insatisfatório não é necessariamente um mau pai; o mesmo acontece com relação à mulher. No entanto, mágoas e ressentimentos decorrentes da separação com freqüência se transformam em raiva: as funções conjugais e parentais confundem-se e o ata-

Semelhanças nas diferenças

que ao ex-cônjuge interfere negativamente no modo como ele é visto em sua função parental.

Os filhos têm direito ao contato freqüente e regular com o pai e a mãe após a separação. O pai que vê esporadicamente os filhos quase sempre se sente desestimulado a cobrar o cumprimento de tarefas ou a colocar os limites devidos. Nesse reino encantado não há deveres nem obrigações, só momentos de lazer. A mãe se sobrecarrega como educadora, supervisionando os horários de estudar, de tomar banho e de desligar a televisão. Como única autoridade em exercício, fica desgastada. Essa sobrecarga da mãe pode existir igualmente em famílias com pais casados, quando o homem se coloca (ou é também colocado pela mulher) em segundo plano na criação dos filhos.

Na convivência compartilhada, os pais separados participam de modo mais igualitário do dia-a-dia dos filhos. As pontes entre os dois lares são mais estruturadas. Quando o homem e a mulher, apesar dos desencontros e desavenças que resultaram na separação, conseguem atuar em conjunto na área de interesse comum (criar bem os filhos), a "autoridade de controle remoto" torna-se eficiente, promovendo um clima de respeito e consideração entre todos.

Manter uma boa parceria na sociedade parental nem sempre é um processo tranqüilo, mas é o melhor caminho para o crescimento harmonioso dos filhos. Alguns acordos de convívio serão diferentes na casa da mãe e na do pai (até mesmo com relação aos horários de chegar em casa), mas é preciso haver consenso em pontos fundamentais. Para isso, a cooperação entre os pais no exercício da autoridade é indispensável.

Conflitos de lealdade

É difícil terminar a sociedade conjugal e preservar uma sociedade parental que funcione razoavelmente bem: na crise da separação, o amor freqüentemente se transforma em raiva, mágoa e até mesmo ódio e desejo de vingança. Nesse cenário, as brigas com relação à divisão dos bens e ao contato com os filhos podem assumir proporções gigantescas. Sentimentos de abandono e rejeição se misturam com a sensação de estar sendo lesado, explorado, passado para trás.

A guerra de poder utiliza dois trunfos principais: o dinheiro e o contato com os filhos: "Se você atrasar a pensão, não poderá ver os meninos". É difícil, no meio de tanta raiva, estruturar novos modos de convívio para defender o direito dos filhos de ter livre acesso tanto ao pai quanto à mãe. Quando os filhos sentem, por palavras e, sobretudo, pelas ações dos pais, que continuarão a ser amados, cuidados e protegidos por ambos, o impacto da separação pode ser aliviado.

Mesmo num casamento ruim, ainda há ou houve bons períodos de convívio, assim como num bom casamento existem períodos de crise, mal-estar, insatisfação. Por isso, quando a separação acontece, deixa um sentimento de tristeza e dor, mesmo que o convívio esteja insuportável. São sonhos desfeitos, projetos interrompidos, descrença junto com renovação

Semelhanças nas diferenças

de esperança de que dias melhores virão. Grande parte dessa tristeza é difícil de ser abertamente admitida e acaba sendo expressa por meio de raiva, ataques ou atitudes de abandono ("Como não agüentava ver a cara da minha ex-mulher, praticamente deixei de ver meus filhos").

O distanciamento, o descaso e até mesmo o rompimento do contato doem profundamente e constituem uma área de risco para os filhos, refletindo a falta de sintonia com os desejos e as necessidades deles. Desejando punir o ex-cônjuge ou se vingar dele, esses pais acabam negligenciando o atendimento dos filhos.

Guilherme e Sônia não conseguem parar de trocar acusações, mandando recados um para o outro pelos filhos: "Fale ao seu pai que o dentista disse que você precisa usar aparelho"; "Sua mãe só pensa em gastar, gastar, gastar, nunca vi inventar tanta despesa, não vou dar um centavo a mais, ela precisa aprender a se virar com o que tem!". Os filhos que levam e trazem recados e informações arcam com a carga de ódio e ressentimento que os ex-cônjuges que não se falam nutrem um pelo outro. Ficam confusos e enredados nos conflitos de lealdade: é difícil poder gostar do pai vendo a mãe sofrer e sentir raiva até dos próprios filhos quando voltam felizes da casa dele ou, pior ainda, quando decidem morar com ele.

A incidência de filhos, especialmente quando entram na adolescência, que passam a morar com o pai, anos após a separação, tem aumentado. Há a necessidade de inverter a posição morador/visitante e experimentar novas possibilidades de convívio com pai e mãe. Muitas mães sentem-se abandonadas e rejeitadas quando os filhos manifestam o desejo de morar com o pai e os acusam de ingratidão ("Quando eram pequenos e davam o maior trabalho, o pai nem queria saber deles; agora, que estão mais companheiros, me deixam aqui sozinha"), intensificando os conflitos de lealdade ("Quero morar com meu pai, mas não quero magoar minha mãe"). Outras conseguem questionar mais a fundo os ditames sociais ("É a mãe que deve cuidar dos filhos") e descobrem formas de convívio prazerosas e significativas fora do cotidiano.

O filho único

Filhos únicos não são necessariamente egoístas nem tiranos. Pais de um único filho tampouco são inevitavelmente superprotetores ou superexigentes. Muitas crianças, mesmo sem irmãos, tornam-se pessoas generosas, compreensivas e solidárias. Para isso, é preciso que sejam estimuladas a formar uma boa rede de amigos, para criar muitas oportunidades de convívio com outras crianças além do período de permanência na escola. Isso favorece a aprendizagem de compartilhar brincadeiras, aceitar as idéias dos outros, resolver conflitos e se divertir em grupo. Sem a riqueza da fraternidade, é preciso cultivar os amigos-irmãos.

É importante também que os pais mostrem, no cotidiano da vida em família, que respeitam os desejos e as necessidades da criança, deixando claro que ela também precisa perceber e respeitar os desejos e as necessidades das outras pessoas da casa. Por exemplo, a mãe diz: "Passei um tempo desenhando e brincando com você, agora vou telefonar para uma amiga". Ou o pai diz: "Estou acabando de ler o jornal, depois vou jogar bola com você". É importante lembrar que há crianças que, mesmo tendo irmãos, crescem egocêntricas, sem respeito pelos direitos dos outros.

Vários fatores entram na decisão de planejar a família com um único filho: a sobrecarga de trabalho em tempo integral, o investimento na carreira e o equilíbrio orçamentário (para ofe-

Cá entre nós

recer uma boa escola, cursos complementares, lazer de qualidade, viagens de férias e ainda ter um padrão de vida razoável). Há também os casais que gostariam de ter tido mais filhos mas não conseguiram; há os que temem ter mais de um filho porque o relacionamento é emocionalmente instável; e há ainda mulheres que resolvem ter um filho sem um parceiro estável, realizando seu desejo de maternidade.

Conheço pais que se sentem culpados e endividados por não terem "dado o irmãozinho" que o filho único tanto pedia. Concentrando desejos e expectativas em um só, acham que precisam indenizar a criança dando-lhe tudo o que ela pede ou girando em torno dela para satisfazer seus anseios. Como as crianças são muito sensíveis, logo percebem esses pontos fracos dos adultos e montam suas estratégias de poder, tornando-se egocêntricas e tirânicas. Sentem muito prazer com o poder de submeter os adultos aos seus desejos e perceber que eles se assustam quando elas gritam, fazem escândalos ou ameaças na frente dos outros.

Com isso, não aprendem o valor da "mão dupla" nos relacionamentos, com toda a sua riqueza de trocas, estimulando o desenvolvimento da compreensão, da generosidade, da cooperação e da solidariedade. E crescem com a dificuldade de perceber que todos nós precisamos aprender a lidar com a falta e com a frustração: nem todos os nossos sonhos, desejos e expectativas poderão ser realizados.

Por outro lado, a maioria dos filhos únicos sente o peso da responsabilidade de "dar certo" para não frustrar as expectativas dos pais. Como não há irmãos para repartir sucessos e fracassos, a sobrecarga é grande, e, com freqüência, eles constroem um padrão profundo de intensa auto-exigência.

Os novos amores dos pais

Tatiana, 16 anos, comenta: "Minha mãe anda mal esta semana. Terminou o namoro, o cara pediu para dar um tempo. De repente, eu percebi que estava dizendo a ela o mesmo que ela me disse na semana passada, quando eu estava mal porque o Fernando sumiu de repente e depois ficou dizendo que estava confuso e precisava clarear as idéias. As pessoas andam com a cabeça ruim, parece que todo mundo está com medo de se envolver, com 15, 30 ou 50, dá no mesmo".

Cláudia, 17, cujos pais se separaram há cinco anos, prefere sair sozinha com o pai para almoçar aos domingos. Diz que não quer conhecer nenhuma das namoradas dele, porque até hoje nenhum namoro durou mais de seis meses e ele só sai com moças muito jovens.

Roberto, 15, diz que se masturba pensando na mulher do pai, que é um "tesão". Nos fins de semana em que Roberto e os irmãos estão com o pai, o novo casal não sai do quarto antes das duas da tarde. "Dá para respirar sexo no ar daquela casa", afirma Roberto, morto de inveja.

Os pais dos adolescentes — separados, "descolados", viúvos ou recasados — transam, namoram e também "ficam". Não é só a sexualidade dos filhos que mexe com a cabeça dos pais, a recíproca também é verdadeira. Nas diferentes organizações familiares, os acordos de convívio variam conforme o contexto, especialmente no caso das famílias com pais separados, em que os critérios de proibido/permitido podem ser até contraditórios, como acontece com Mariângela, 19, que dorme com o namorado quase todas as noites; no entanto, quando vai para a casa do pai, eles dormem em quartos separados. Ela diz: "Tenho certeza de que papai sabe que eu transo com Rodrigo, mas não dá para conversar sobre isso; ele já deu umas indiretas, dizendo que, na casa dele, dormir junto só depois de casar".

Acusações recíprocas vindas de mágoas, decepções e frustrações contribuem para a escalada dos conflitos que, tantas vezes, resulta em cortes de contato e busca de alianças entre os filhos, especialmente quando há novos relacionamentos amorosos que se iniciam antes ou imediatamente depois da separação. "Não admito que meus filhos fiquem na casa do pai quando aquela mulher está lá com ele". Esse é um solo fértil para as áreas de risco da separação: os filhos, "no meio da linha de fogo", atuam como mensageiros ou como espiões. "Você tem de me contar com quem sua mãe anda saindo, que roupas está usando, se está namorando alguém, se dorme fora de casa".

O cenário torna-se ainda mais complexo quando um ou ambos os pais se casam de novo. Se o atual cônjuge também é uma pessoa separada e tem filhos, forma-se um conjunto de filhos moradores e visitantes e criam-se novas fronteiras de contato e de influência entre os atuais e os ex-cônjuges. Casamento, separação, amores feitos, desfeitos, refeitos. No movimento da vida, entre dores e alegrias, frustrações e esperanças, encantos e desencantos, surge a oportunidade de aprender a buscar caminhos melhores para todos, nesses diversos modos de ser casal e família.

Presença na ausência

Foi muito empolgante a experiência de trabalhar com os funcionários embarcados numa plataforma de petróleo. O tema do encontro foi a arte da conversa e do convívio com foco especial nos desafios de alternar presença e ausência no dia-a-dia familiar.

"Quando chego em casa, minha mulher fica de férias, eu assumo o compromisso de levar e buscar as crianças na escola, estudo com eles, organizo a casa para que ela descanse um pouco"; "Meu filho de 3 anos chorava demais logo que eu embarcava, até que eu tive a idéia de levá-lo para me ver entrando no helicóptero, aí ele entendeu que eu ia e voltava sempre e parou de ficar chorando"; "Lá em casa, as crianças marcam no calendário os dias que faltam para eu chegar de novo"; "Todas as noites a gente se fala por telefone". Quanto esforço para lidar com os desafios e quanto empenho em encontrar soluções funcionais para manter a presença na ausência!

Criatividade amorosa é o requisito fundamental para encontrar soluções em situações potencialmente conflituosas para o relacionamento familiar, sob o estresse da alternância entre presença e ausência. É preciso ter sensibilidade para escutar os sentimentos e as necessidades de cada membro da família, percebendo que, com freqüência, tristeza e saudade se expres-

Semelhanças nas diferenças

sam por condutas de irritabilidade, impaciência, críticas, queixas e reclamações constantes.

Impasses e conflitos são inevitáveis, tanto no ambiente familiar quanto no trabalho: eles surgem das diferenças entre as pessoas. Os conflitos nos colocam numa encruzilhada: podem se tornar crônicos, resultando num beco sem saída de brigas e de desagregação dos relacionamentos; por outro lado, podem ser terra fértil para gerar soluções que levem em conta os sentimentos, os desejos e as necessidades de todos os envolvidos. Na ótica empresarial, fala-se em negociação ganha-ganha; no âmbito das relações familiares, fala-se em resolução conjunta. A essência é a mesma: com base no respeito e na consideração, busca-se o consenso.

Para transformar os conflitos em oportunidades de crescimento é preciso aprimorar a sensibilidade para escutar o que os outros têm a dizer, combinar as diferentes visões do problema, estimular a participação de todos para encontrar caminhos de resolução. Para isso, é necessário solidificar o compromisso de atacar o problema sem atacar as pessoas. Essa é a lei básica do bom convívio, tanto no âmbito da família quanto no contexto do trabalho. Os conflitos tendem a se perpetuar em brigas crônicas e a crescer num clima de intrigas e discórdias quando as pessoas se agridem, se derrubam, se desprestigiam. Enquanto isso, os problemas continuam intocados, à espera de solução. Se as pessoas conseguirem se concentrar no ataque ao problema, o clima de cooperação prevalecerá, as divergências serão ouvidas e as diferenças encaradas como contribuições para examinar os diversos ângulos da questão.

Cá entre nós

Essa é a atitude essencial para a formação de equipes eficientes e coesas, tanto no trabalho como na família. A contribuição de crianças e jovens nesse processo de resolução conjunta de conflitos é freqüentemente subestimada: no entanto, quando consultados e ouvidos com atenção, eles costumam apresentar uma visão lúcida dos problemas e idéias criativas para solucioná-los. Caso sejam consistentemente estimulados a participar do processo, tornam-se mais cooperadores e responsáveis pela prática das soluções propostas.

O que precisamos adotar?

Nas conversas com pessoas que estão considerando a possibilidade de adotar uma criança, sempre surge a polaridade da força e da fragilidade do amor na adoção. Mas, na verdade, esse tema ultrapassa a questão do "quem" vai ser adotado. Independentemente de ter ou não filhos adotivos, o que todos nós precisamos adotar?

Força e fragilidade: todos nós temos, em proporções variadas. Costumamos nos surpreender com a força que surge dos frágeis. Na época em que eu trabalhava com a equipe de uma UTI neonatal, víamos a força dos recém-nascidos prematuros, frágeis e vulneráveis, lutando bravamente pela vida. Por outro lado, temos dificuldade de perceber a fragilidade dos fortes, dos poderosos e dos prepotentes. Ou nos surpreendemos quando aquela pessoa que sempre sustentou todo mundo desaba pedindo colo.

Se adotamos nossa fragilidade, conseguimos cultivar a força. Nos períodos mais difíceis da vida, quando parece que a fragilidade ameaça nos estilhaçar, surge uma força desconhecida, que nem sabemos de onde vem, e chega até a assustar. Força propulsora que nos tira do abismo, mostrando outros caminhos possíveis, se decidimos encarar os desafios e superar os obstáculos.

Cá entre nós

Amor: é um sentimento primordial, que enlaça vários outros em combinações infinitas. Vem junto com a alegria, a tristeza, a raiva, a compaixão, a ternura, a paixão e outros sentimentos companheiros. Ele é capaz não só de vir junto, mas também de se transformar em outros sentimentos, em matizes variados. "O amor e o ódio se irmanam na fogueira das paixões", diz a letra de uma música. O amor surge, muitas vezes, disfarçado por outros sentimentos, como o desprezo e a vingança, máscaras freqüentes do amor machucado pela mágoa e pelo sofrimento. O amor é a grande força criativa, restauradora, milagrosa, capaz de reescrever histórias difíceis com novas mensagens de esperança.

Adoção: devemos adotar os filhos escolhidos pelo coração, os filhos biológicos (que precisam ser batizados pelo amor, para que habitem o coração e a alma dos pais) e, na verdade, toda a humanidade, nossa grande família, na imensa rede de fraternidade universal. Adotar o contexto em que vivemos, do qual é preciso cuidar: nossa casa, nosso bairro, nossa cidade, nosso país, nosso planeta. Cultivar a ética de cuidar bem de si mesmo, dos outros, do ambiente. Esses são os três eixos da construção da paz. A adoção é uma das expressões dessa ética de cuidado e de responsabilidade coletiva: a consciência de que nossa participação na cidadania global significa cuidar de todos e de tudo, dentro das possibilidades de cada um de nós. Reconhecendo que cada pequeno gesto, cada pequena ação têm enorme importância na grande teia da vida.

Portanto, precisamos adotar amorosamente nossas fraquezas e fragilidades, nossos aspectos abandonados; nossos amigos, colegas de trabalho, vizinhos, reconhecendo a unidade na diversidade, tolerando as diferenças; precisamos adotar os parentes, os filhos (vindos do sangue ou do coração); os projetos dos quais participamos, os mais necessitados a quem ajudamos nas grandes redes solidárias. É sempre possível expandir nossa capacidade de amar.

Convivendo com a saudade

Pedro Henrique, 4 anos, expressou claramente o que sente ao transitar entre seus dois lares: "Quando estou com o papai, sinto saudade da mamãe; quando estou com a mamãe, sinto saudade do papai". Aprender a conviver com a saudade é um dos desafios das crianças com pais separados mesmo quando conseguem ver o pai e a mãe quase todos os dias.

Felizmente, estamos ultrapassando o costume tradicional de que, com a separação, automaticamente ficava estabelecido que os filhos ficariam com a mãe e veriam o pai a cada quinze dias. Esse corte repentino do convívio provoca muito sofrimento e aumenta o risco do distanciamento progressivo. É preciso garantir o direito de amplo acesso dos filhos ao pai e à mãe.

Por outro lado, muitos pais que adotavam o estilo convencional de pais-provedores, alheios aos cuidados do cotidiano e à administração doméstica, aproveitam a oportunidade da separação e do convívio com os filhos que moram com ele para desenvolver o aspecto cuidador e nutridor que, por tanto tempo, permaneceu em segundo plano. Portanto, ao evitar as áreas de risco, abrem-se possibilidades de formar novas maneiras de convívio entre pais e filhos que podem ser muito enriquecedoras para todos.

Semelhanças nas diferenças

A saudade, o ciúme, a competição e a construção do amor e da solidariedade formam um tecido cheio de matizes nas novas composições familiares. Há muitas famílias de recasamento que são bem-sucedidas diante do desafio de formar uma pequena comunidade harmônica de adultos que cuidam bem de todos os seus filhos, mas sentimentos de competição, ciúme e rivalidade acontecem comumente não só entre os adultos como também entre os "irmãos de convívio". Disse Tânia, 8 anos, filha da atual mulher do pai de Carla: "Você não vê o seu pai todos os dias, eu vejo e ele brinca muito comigo!". A isso se agregam sentimentos de culpa e inquietação do pai de Carla, que realmente gosta de brincar com Tânia, enquanto só vê a filha a cada quinze dias. Ao mesmo tempo em que desenvolve uma relação afetuosa com Tânia, sente muita saudade de Carla e tristeza por não poder acompanhar seu crescimento no dia-a-dia.

No entanto, em meio a tanta complexidade na formação de novos vínculos familiares que ainda nem foram nomeados ("Ainda não resolvi se chamo o marido de minha mãe pelo nome dele, de tio ou de vice-pai"), existe a possibilidade de construir vínculos afetivos bastante profundos, que nada têm a ver com os laços de sangue e que, em alguns casos, se tornam até mais significativos do que os vínculos originais ("Quando me separei do meu segundo marido, meu filho do primeiro casamento preferiu ficar morando com ele, não quis se mudar comigo, apesar de nos darmos bem").

Cá entre nós

Homens e mulheres acabam gerando filhos de suas novas uniões. A família passa, então, por outra transição: "os meus, os seus e o nosso". Embora os meios-irmãos freqüentemente desenvolvam um vínculo fraterno importante com o novo membro da família, a situação deste desperta inveja: é o único que está com o pai e a mãe ao mesmo tempo, juntos na mesma casa.

Enfrentando o preconceito

O Brasil é o país com maior população negra no mundo, depois da Nigéria. Segundo o IBGE, os negros correspondem a 42% da população brasileira. Embora oficialmente não haja preconceito racial no Brasil e, hoje em dia, o racismo seja considerado crime, a discriminação está duramente presente não só no mercado de trabalho, mas em muitos momentos do cotidiano, mostrando que está profundamente arraigada no cenário cultural do Brasil, após tanto tempo em que os negros foram relegados a uma posição inferior na sociedade. E, quanto maior a ascensão social e profissional, mais aumenta o preconceito, expresso de muitas formas, algumas mais evidentes, outras mais sutis.

É difícil lidar com o preconceito negado: o primeiro passo é admitir que ele existe e acreditar que deve ser combatido para que possa modificar-se. Essa é a realidade presente, porém não imutável. Muitos pais não sabem como agir quando as crianças chegam em casa se queixando de ter sido excluídas de um grupo ou menosprezadas. Foi o que aconteceu com os pais de Paulo Roberto, 5 anos, cujos colegas disseram que não queriam brincar com ele por causa da "cor suja". As crianças precisam ser fortalecidas para se afirmar na diferença, ocupando o lugar ao qual têm direito, apoiadas pela família e pelo trabalho da escola, em vez de adotar uma postura de subserviência e de inferioridade ou de negação da discriminação.

As famílias devem preparar as crianças para reconhecer e enfrentar as manifestações do preconceito presente no dia-a-dia, atuante ao longo da vida: olhares de desdém, barreiras ao contato, pessoas que indicam o elevador de serviço, atitudes de suspeita quando elas entram em determinadas lojas (acham que porque são negras vão roubar), expressões comumente usadas ("denegrir", "preto de alma branca", "a coisa ficou preta") que denotam a desvalorização do negro.

É essencial também transmitir às crianças a importância de valorizar a negritude, as raízes africanas, de conhecer melhor a contribuição dos negros para a cultura e a sociedade brasileira. A atuação dos militantes do movimento negro e o fortalecimento da consciência negra são fundamentais para abrir o espaço devido na sociedade, para a luta contra o fim da discriminação e para a construção da identidade negra.

A maioria dos pais se preocupa muito com a aparência, passando a mensagem de que os filhos precisam estar limpos e bem-vestidos, não só pelas razões básicas de higiene e estética, mas também como meio de evitar o menosprezo. A outra preocupação comum da família negra é conscientizar os filhos da necessidade de se destacar no que fazem para ocupar um lugar melhor na sociedade que os discrimina.

Ao perceberem a pressão e a opressão às quais as crianças negras são freqüentemente submetidas, alguns pais sentem pena e procuram superprotegê-las na esperança de poupá-las desse sofrimento. Tentam até mesmo minimizar o problema,

Semelhanças nas diferenças

contorná-lo ou passar por cima dele. Mas as crianças, desde pequenas, percebem o que lhes acontece muito mais do que podemos imaginar. Não dá para fingir que as dificuldades não existem: o silêncio, a impossibilidade de colocar o sofrimento em palavras fazem a angústia crescer. Conversar sobre os episódios de discriminação é importante para estimular a livre expressão dos sentimentos e criar maneiras de lidar com o problema, fortalecendo-se para enfrentar o preconceito. Ainda há muitas batalhas pela frente, para alcançarmos a percepção da semelhança humana nas diferenças da cor da pele.

Semeando amor

É possível educar crianças para a paz desde que nascem? Há caminhos eficazes para ajudar crianças e jovens a construir a paz e a solidariedade em um mundo com tantos episódios de violência não apenas contra eles, mas também entre eles.

A tecnologia atual nos permite fotografar e filmar a evolução do ser humano desde o momento da concepção. Já se sabe que o bebê não nasce como folha em branco: tudo fica registrado nos arquivos celulares, base da memória, da percepção, dos sentimentos. No ventre materno, o feto desenvolve habilidades incríveis: os movimentos não são aleatórios, mas graciosos e coordenados; ele escuta a voz da mãe e os ruídos do interior de seu corpo, aprende a gostar até mesmo das músicas que ela ouve ou que costuma cantar. Nos últimos meses de gestação, o feto também escuta a voz do pai, quando ele fala próximo à barriga da mãe. Os estudos sobre as competências pré-natais passaram a considerar o útero como nossa primeira "sala de aula".

A neurociência afetiva mostra a influência do relacionamento familiar sobre o desenvolvimento do cérebro, da empatia e das várias inteligências nos primeiros anos de vida. Portanto, é possível plantar as sementes da paz e da solidariedade nos primórdios da vida, investindo nesse capital humano das crian-

Semelhanças nas diferenças

ças e dos jovens, a fim de que desenvolvam competências para construir bons pactos de convivência.

As sementes do amor precisam ser plantadas na consciência dos bebês e das criancinhas nas pequenas cenas do cotidiano: é nessas miudezas do dia-a-dia que estão os grandes temas da vida. É assim que aprendemos a colocar em prática os valores fundamentais do convívio: gentileza, respeito, consideração, cooperação e solidariedade.

Nos primeiros anos de vida, é essencial apresentar a criancinha à beleza do mundo, para que ela possa apreciá-la. Não é possível continuar considerando a violência como entretenimento nem como espetáculo que faz crescer os índices de audiência. Num mundo com tantos episódios violentos e tristes, antes da poluição do consumismo, dos shoppings, dos comerciais da televisão e dos videogames, é preciso descobrir a magia das árvores, da água, dos pequenos animais, das paisagens naturais. O encantamento com a natureza é a base da chamada alfabetização ecológica, que se alicerça no desenvolvimento da cooperação.

Todos nós nascemos com um impulso amoroso e com um impulso agressivo. O desenvolvimento da empatia é essencial para controlar a impulsividade e canalizar a agressividade para fins construtivos. Ser amorosamente firme com a criança é a melhor maneira de ajudá-la a conter o impulso de fazer o que não pode sem criar clima de guerra. Além de protegê-la contra perigos, o valor dos limites é socializá-la. Todos os grandes marcos do desenvolvimento nos três primeiros anos de vida são oportunidades de estimular o crescimento das sementes do amor por si mesma, pelos outros e pelo ambiente: o arco-íris da comunicação, a amamentação e a introdução dos primeiros alimentos, as brincadeiras, o despertar da sexualidade, o treinamento esfincteriano, a formação dos hábitos de higiene. A parceria entre a família e a creche é essencial para estimular o desenvolvimento harmônico da criancinha em suas redes de convivência.

Amor, carinho e respeito são os ingredientes indispensáveis para criar crianças não-violentas e solidárias, para fazer frente ao grande desafio de encontrar meios de globalizar a compreensão e a ternura com a mesma eficiência dedicada à globalização da violência.

Filhos adotivos

No mês de maio, comemora-se o Dia Nacional da Adoção, um dos modos de incentivar a cultura da adoção ("uma família para uma criança"), sensibilizando as pessoas para adotar não só bebês, mas também crianças maiores que estão nos abrigos à espera de uma família. No Brasil, há cerca de cem grupos de apoio à adoção, compostos por indivíduos que já adotaram ou pretendem adotar crianças, que se reúnem para conversar sobre os desafios e a riqueza de formar uma família pelos "caminhos do coração".

Ao considerar que somos uma família com 6 bilhões de membros habitando a Terra, poderemos cuidar melhor dos outros e do meio ambiente. Nessa grande família humana, muitas crianças não foram acolhidas por suas famílias biológicas e precisam de famílias dispostas a amá-las, acompanhando seu crescimento por meio da adoção.

Embora muitos pais adotivos conversem com a criança sobre a adoção desde cedo (quando chegou recém-nascida), muitos ainda temem revelar a verdade. Alguns adiam o início desse processo até a adolescência, por não encontrar o "momento adequado". Não existe esse momento, porque a conversa sobre a adoção se desdobra ao longo do tempo, em comentários simples, ou iniciando-se por meio de pequenas histórias.

Cá entre nós

Famílias com diferentes orientações religiosas criam histórias envolvendo encontros mediados por anjos, propiciados por Deus ou por reencontros cármicos. Outras histórias utilizam imagens, como a dos vasos de plantas: num vasinho, a plantinha encontrou lugar para brotar; em outro, encontrou lugar para crescer. O ponto em comum nas diferentes histórias e imagens é falar sobre as diferentes possibilidades do amor: a família biológica deu origem à vida da criança, mas, por algum motivo, não acompanhou seu crescimento. Na família adotiva, há o acolhimento amoroso que dá espaço para o seu desenvolvimento.

O maior temor de conversar sobre a adoção é o de que a criança se entristeça e se revolte por ter sido abandonada pela mãe biológica. Há também o medo de que a criança não "adote" a família e queira, mais tarde, procurar a família de origem. O medo e a insegurança, com freqüência, cortam possibilidades de diálogos profundos e emocionantes, em que os caminhos do coração vão se consolidando, uma vez que os laços de amor são mais importantes do que os laços de sangue.

A insegurança, juntamente com a compaixão pelo sofrimento da criança no início da vida, fazem com que muitos pais adotivos tenham dificuldade de dizer "não" quando necessário. Confundindo a noção de "bons pais" com a de "pais bonzinhos que deixam o filho fazer tudo o que quer", mimam em excesso, na esperança de compensar as privações iniciais de bem-estar e afeto. Mas os filhos adotivos também precisam do amor com firmeza para desenvolver segurança e competência em seus relacionamentos.

A revolução da consciência

Já tivemos a Revolução Industrial, a Revolução da Informação, a Revolução da Comunicação, entre outras. O mundo mudou substancialmente em conseqüência de cada uma delas. Dispomos de conexão imediata com todos os pontos do planeta, as nações estão cada vez mais interdependentes, a massa dos excluídos aumenta assustadoramente, a volatilidade do capital coloca em risco a economia dos países emergentes, aumentando a distância entre as nações mais ricas e as mais pobres. Porém, nesse cenário de tanta desigualdade de condições, vemos com clareza que, para impedir que o mundo se torne inviável, devemos cuidar da erradicação da pobreza e evitar a deterioração do meio ambiente. Em outras palavras, precisamos, agora, da Revolução da Consciência. Consciência de que somos uma família humana de 6 bilhões de pessoas habitando uma única casa, a Terra. Temos de reconhecer e respeitar as diferenças entre os vários grupos dessa grande família, descobrindo a semelhança da nossa humanidade, aprendendo a cuidar bem da nossa casa coletiva.

Essa revolução da consciência supõe um grande investimento no "capital humano" de crianças e adolescentes. Nas famílias, nas escolas e em outras instituições da sociedade, é possível incentivá-los em seu protagonismo. Desse modo, po-

Cá entre nós

derão vir a ser construtores da paz, atuando como agentes transformadores da realidade em que vivem.

Os conhecimentos da neurociência afetiva mostram a influência do relacionamento familiar no desenvolvimento do cérebro, da empatia e das várias inteligências nos primeiros anos de vida. Daí a importância de plantar as sementes da paz e da solidariedade nos primórdios da vida para construir bons "pactos de convivência".

Expandindo o potencial de amor, de empatia e de criatividade, constrói-se, desde cedo, uma relação de confiança que gera a força para enfrentar os desafios da vida, abrindo caminhos para idéias inovadoras que resultem em novas soluções para as dificuldades de sempre.

Em 1994, a Unesco lançou o Programa Mundial da Cultura da Paz, na esperança de promover essa mudança de consciência, condicionada por séculos de cultura de guerra, refletida até nos livros de História em que todos nós estudamos, que sempre deram muito mais ênfase aos "construtores da guerra" do que aos "construtores da paz".

Nos diversos programas de educação para a paz, podemos ressaltar os seguintes pontos em comum para resolver conflitos por meios não violentos:

- aprender a combinar mais para brigar menos;
- desenvolver habilidades construtivas de convívio;
- fortalecer a empatia e ampliar os recursos de comunicação;
- desenvolver o controle da impulsividade.

Semelhanças nas diferenças

Os programas de educação para a paz enfatizam também a necessidade de conviver com as diferenças, procurando a semelhança humana na diversidade de culturas e de contextos sociais.

No mundo violento em que vivemos, é imprescindível expandir todo e qualquer caminho que resulte na formação de novas gerações de pessoas mais solidárias, que estejam determinadas a construir justiça social e saibam transformar os conflitos em terra fértil para fazer germinar soluções criativas e satisfatórias, cuidando melhor de si mesmas, dos outros e do ambiente em que vivem.

Compaixão e solidariedade

Os pais de João Paulo, 8 anos, surpreendem-se com suas perguntas sempre que ele se depara com as cenas de desigualdade social que observa nas ruas da cidade: "Por que essas crianças estão vendendo limão nos sinais? Elas não estão na escola? Por que aquela família está dormindo na calçada? Não tem casa para morar?" O menino, espontaneamente, seleciona brinquedos e roupas para doar às crianças pobres, nas campanhas organizadas pela escola em que estuda.

A compaixão e a solidariedade, juntamente com a empatia, são traços que se desenvolvem em algumas crianças desde cedo, mesmo que pertençam a famílias que não estão muito sensibilizadas com a questão da injustiça social. Ao contrário, essas crianças e adolescentes costumam chamar atenção para essa problemática, e às vezes conseguem despertar o olhar adormecido e desatento dos adultos.

Já é grande o número de projetos sociais criados, instalados e bem-sucedidos que acolhem jovens voluntários, mas ainda é preciso multiplicar essas boas idéias ao infinito. Apesar de constatarmos um crescimento expressivo do voluntariado no Brasil, há um enorme potencial de solidariedade ainda não explorado: são milhares de pessoas que sentem o desejo de

Semelhanças nas diferenças

atuar como voluntários, mas não sabem como nem por onde começar.

No ano de 2000, tive a alegria de participar do júri do Prêmio Jovens Voluntários. Foram apresentados mais de cem projetos já em andamento, com a participação de jovens entre 14 e 19 anos. Muitos desses projetos nasceram das idéias dos próprios jovens, outros brotaram de parcerias com adultos das escolas, das famílias ou das próprias comunidades. Alguns se destacaram pela originalidade, pela sensibilidade de captar as dificuldades e encontrar caminhos para enfrentá-las. Os projetos realizaram-se em diversos cenários: escolas, igrejas, praças, terrenos abandonados, hospitais, creches e até na internet. As mensagens foram transmitidas por vários meios: teatro, oficinas de canto, artesanato, atividades lúdicas, prática de esportes, clubes de leitura. A temática também foi ampla: preservação ambiental, prevenção do uso de drogas e de doenças sexualmente transmissíveis, reforço escolar, criação de hortas comunitárias, mutirões para melhorar as instalações de creches e escolas, ensino de informática e artesanato, recreação para crianças e idosos em orfanatos e asilos.

Nos depoimentos dos jovens voluntários predomina o sentimento de alegria e de realização pessoal quando percebem que sua contribuição faz a diferença. Além de trabalharem com consistência a prática da cidadania, ampliam sua capacidade de detectar dificuldades e carências em seu entorno, de formular objetivos e estratégias adequadas para alcançá-los; fortalecem sua disposição para captar os recursos necessários para a realização dos projetos, descobrem o valor do esforço coor-

111

denado de uma equipe de trabalho, elaboram a persistência e a paciência para tolerar as frustrações e superar os obstáculos que se apresentam. Com tudo isso, aprendem a reconhecer o valor de tomar a iniciativa de efetuar mudanças em vez de esperar que as coisas aconteçam, evitando adotar uma postura de cobranças, reclamações e críticas inoperantes.

Modifique-se!

Cansada de brigar com o marido, que insistia em dirigir depois de beber (demais, segundo ela, quase nada, segundo ele), Maria Helena decidiu que voltaria para casa de táxi. Danilo reclamou, achou um absurdo voltar sozinho; ela disse que se preocupava com ele, mas não queria mais arriscar a própria vida. Foi o primeiro passo para sair do jogo infrutífero da mulher-mãe que controla a bebida do marido-filho. Ela sentiu-se aliviada, embora ele tenha continuado a beber do mesmo jeito.

No trânsito engarrafado, podemos escolher entre afundar no mau humor e na irritação ou respirar fundo, escolher uma boa música, se estamos no carro, ler algo interessante, se estamos no ônibus, ou simplesmente ficar pensando na vida. O desagradável sentimento de impotência que surge da constatação de que não há como escapar da situação pode dar lugar ao poder de escolher como reagir a ela.

Acomodar-se, conformar-se, resignar-se são posturas de passividade diante da situação que não podemos mudar. Produzem sofrimento, a menos que se utilize o anestésico da aceitação do inevitável. Mudar de atitude com relação à situação é um exercício ativo de criatividade, de flexibilidade do olhar que busca outros ângulos de visão. Mudando a maneira de olhar, mudamos a maneira de pensar e também de agir. Criamos novas possibilidades, mesmo se for preciso permanecer na situação por muito tempo.

Da mesma forma, não temos o poder de mudar o passado, mas podemos escrever uma outra história, percebendo o que passou sob novas lentes, redefinindo, reavaliando. "Eu era feliz e não sabia": depois da perda, nos damos conta de quanto cuidamos mal do que acabamos perdendo, ao mesmo tempo que o desvalorizamos, seja um amor, seja um emprego. "Agora que tenho filhos adolescentes, quero saber onde estão, eles acham que sou controladora, eu acho que estou protegendo, e eu reclamava da minha mãe igualzinho..."

Podemos também fazer uma revisão do passado para melhorar a auto-estima: lembrando com detalhes e valorizando o que conseguimos executar com esforço próprio, em vez de só ficar remoendo o que passou e pensando no que não deu certo ou nos sonhos engavetados que não podemos mais realizar. Não dá para mudar o passado, mas podemos escolher onde vamos colocar o foco de luz para ver melhor.

Não podemos mudar os outros, cada um é responsável pelo trabalho de modificar-se. Mas, como estamos todos interconectados no sistema dos relacionamentos, a modificação que faço em mim mesma acaba por repercutir, em maior ou menor grau, nos outros. Nada mais desgastante para uma relação, seja ela no campo do amor ou do trabalho, do que ficar incessantemente reclamando das mesmas coisas diariamente. Na defensiva, a pessoa se justifica, inventa desculpas, promete que o problema não vai se repetir, e continua tudo igual. Agir de outro modo, dar conseqüências, colocar limites com mais clareza e firmeza são ações que podem substituir reclamações crônicas: a mudança da nossa atitude pode resultar em estímulo para que os outros se modifiquem na direção desejada.

Os meus e os teus

Quando duas pessoas se casam e decidem ter filhos enfrentam um grande desafio: combinar suas diferentes experiências como filhos, as respectivas visões sobre a maneira como foram criados, suas idéias a respeito de educação de crianças e suas características individuais. Não é pouca coisa.

O filho nasce e se desenvolve: esses pais concordarão em muitos aspectos sobre o modo de lidar com ele; em outros, discordarão. Diferenças não são incompatibilidades, mas há a necessidade de formar consensos básicos nas diversas etapas do crescimento do filho: o que fazer quando ele tiver um ataque de birra no meio da rua? E quando não quiser ir à escola? A que horas deverá voltar das festas? Quanto será o valor da mesada e que gastos deverá cobrir?

Se criar filhos do primeiro casamento é difícil, educar os da segunda união é bem mais complicado. Além das histórias diferentes do segundo casal, há a atuação dos ex-cônjuges, dos filhos moradores e dos visitantes como ingredientes da enorme complexidade. Carolina, de 35 anos, está enfrentando esse desafio: "Meu primeiro casamento durou pouco e dele tenho duas filhas adolescentes que criei com muito sacrifício; casei-me há quatro anos com um viúvo que tem três filhas e uma boa situação financeira. Gasto todo o meu salário com minhas filhas,

Semelhanças nas diferenças

que são muito compreensivas, não exageram no consumo e não têm o hábito de desperdiçar o que quer que seja. Mas as filhas dele são muito exigentes, recusam a comida que está na mesa e querem que a empregada faça outras coisas; trocam de roupa pelo menos duas vezes por dia, deixam até as calcinhas espalhadas pela casa e o pai dá tudo o que elas pedem. Não estou sabendo lidar com isso. Fico restringindo meu espaço ao quarto e à cozinha, para evitar maiores confrontos. Meu marido acha tudo normal, diz que eu estou fazendo tempestade em copo de água, mas eu estou achando essa barra pesada demais para segurar".

Há muitas variações na maneira de ser uma família de recasamento, não só no convívio entre os ex-cônjuges como entre pais e filhos de diferentes uniões. É difícil conciliar os interesses e as necessidades de todos os envolvidos. É o que acontece com Graça, que sente ciúme do convívio do atual companheiro com a ex-mulher e as filhas: "Ele está separado há mais de dez anos, adora as filhas e tem livre acesso à casa da ex-mulher, que não gosta de mim. Acho que o certo seria que elas freqüentassem nossa casa, reclamo que ele fica indo lá, ele não me atende e isso está acabando com nosso relacionamento".

Para evitar que as brigas crônicas se transformem em incompatibilidades, é preciso criar coragem para conversar abertamente sobre as dificuldades, ouvir o ponto de vista de cada um e conseguir a adesão de todos (ou pelo menos de alguns) para pensar boas soluções: essas iniciativas podem melhorar a qualidade do convívio.

Mesmo com os difíceis desafios das novas uniões, com "os meus, os teus e os nossos", é possível criar vínculos de amor e de convívio harmonioso.

Pais rebeldes, filhos caretas

Década de 60, 70: drogas, sexo & *rock'n'roll*, movimento *hippie*, pílula anticoncepcional, liberação sexual, quebra de padrões convencionais, demolição dos preconceitos, movimento feminista, vida em comunidades. Nesse cenário, estiveram muitos adolescentes e jovens adultos que deixaram seus pais desesperados. Brigas, ameaças, tumulto nas famílias tradicionais, rompimentos, deserções, saídas repentinas da casa, ânsia de liberdade para quebrar os grilhões do autoritarismo.

Na virada do milênio, muitos daqueles jovens revolucionários ficaram perplexos com seus filhos. Quando os criaram dentro do seu novo contexto, o valor maior era garantir a liberdade e a espontaneidade, por acreditarem que esses filhos cresceriam com a mente aberta, despojada de preconceitos, consolidando os novos padrões de relacionamento que a duras penas tinham conseguido estabelecer. Surpresa, decepção, espanto: nessa geração de jovens, muitos são caretas! Não querem experimentar drogas, procuram alimentação saudável, fazem esportes com disciplina, são bons alunos, querem seguir carreiras convencionais. Há moças que querem se casar virgens, rapazes que diferenciam entre as "moças de família" e as "que não servem para casar", que valorizam a monogamia e rompem o namoro tão logo descobrem que foram traídos.

Semelhanças nas diferenças

O que aconteceu com os filhos dos pais rebeldes, que cresceram tão caretas quanto seus avós?

Alguns sentiram falta de uma base firme de sustentação. Temendo repetir o modelo autoritário e castrador, muitos pais fizeram o oposto e tornaram-se extremamente permissivos, deixando os filhos crescer sem rumos nem limites, sem noção de deveres e obrigações. Confundindo liberdade com falta de parâmetros, não trabalharam os valores fundamentais, e os filhos se sentiram soltos demais, negligenciados e até mesmo abandonados à própria sorte. Já conversei com muitos adolescentes que disseram sentir falta de ouvir "Isso não pode": eles se incomodam com os pais que "deixam tudo".

Muitos se tornaram críticos severos do comportamento dos pais, especialmente no que se refere à vida amorosa das mães namoradeiras, que trocam de parceiro com freqüência ou até mesmo têm relacionamentos múltiplos. É difícil combinar a imagem de mãe com a de mulher cuja sexualidade não se encaixa nos padrões convencionais. Muitos filhos não conseguem imaginar que os pais transam, mesmo quando estão casados. Os arquétipos milenares de Eva, a mulher tentadora, e Maria, que concebeu sem pecar, continuam gerando conflitos nos porões das nossas mentes...

Outros filhos quiseram se rebelar para se diferenciar. E nada melhor para chocar pais liberais do que ser careta. E mais: os valores conservadores estão entranhados em muitas camadas da sociedade. Uma só geração, por mais revolucionária que seja, não é capaz de modificar estruturas vigentes há tanto tempo.

Porém, o comportamento careta dos filhos de pais rebeldes contém uma mensagem importante: o desejo de que a liberdade de romper padrões para procurar o caminho da autenticidade e da felicidade não seja incompatível com a responsabilidade de cuidar bem dos filhos que estão aí, precisando dos pais.

A escuta vale ouro

Foi uma discussão caótica sobre as preferências musicais não só entre adolescentes e adultos, mas entre os grupos que gostam de *rock*, *funk*, *hip hop*. Quando o foco foi sobre a família, predominaram as queixas de que os adultos não toleram as músicas que eles adoram; apesar de odiarem o que "os coroas" amam, ressentem-se de que às vezes são proibidos de ouvir o som nas alturas.

Quando o foco mudou para as diferentes preferências entre eles, começaram a se atacar descontroladamente. Para defenderem aquilo de que gostam, esses jovens depreciaram os demais e usaram argumentos que revelaram desconhecimento e preconceito. Foi como se estivessem brincando de gangorra: para um ficar por cima, o outro tinha de ir para baixo. Na verdade, os roqueiros pouco conheciam o *funk* e vice-versa.

A cena caótica foi uma aula sobre solução de conflitos. Atuo como voluntária em um projeto da Fundação para a Infância e a Adolescência (FIA) que prepara adolescentes de comunidades de baixa renda para o primeiro emprego. Ajudo-os a encontrar caminhos para construir um bom convívio na família e no trabalho desenvolvendo recursos de comunicação.

Em outro momento, o caos foi rico para a reflexão sobre as raízes do conflito e o valor da escuta. Os adolescentes pediam aos adultos da família o que eles não estavam conseguindo oferecer nem entre eles: a escuta respeitosa, a coexistência harmônica de diferentes possibilidades. A maioria dos conflitos surge não apenas de divergências, mas também de dificuldades da comunicação, especialmente pela deficiência da escuta. Quando cada um se aferra ao seu próprio ponto de vista e se recusa a ouvir e a entender o que o outro tem a dizer, não há diálogo, e, sem diálogo, dificilmente é possível construir um acordo.

Por outro lado, quando nos abrimos para a escuta sem preconceitos e procuramos nos colocar no lugar do outro, fica mais fácil achar pontos em comum nas divergências, descobrir que diferenças não são incompatibilidades e, mesmo se não for possível chegar a um denominador comum, pelo menos nos enriquecemos com o maior conhecimento sobre o universo do outro. Roqueiros podem vir a apreciar algo do *funk* e vice-versa; pais podem descobrir que gostam de algumas músicas que antes se recusavam a ouvir, filhos podem apreciar alguns compositores clássicos.

Ou não. Roqueiros e funkeiros poderão continuar em campos antagônicos, mas pelo menos respeitar as respectivas preferências, sem atacar e desprestigiar as diferentes opções. Essa conduta, evidentemente, não se aplica apenas ao território da música, mas a muitos outros (religiões, partidos políticos, orientação sexual, para citar apenas alguns). A escuta atenta nos liberta dos preconceitos, abre horizontes de descoberta, é um sinal de respeito pelo outro, caminho essencial para perceber a semelhança humana entre tantas diferenças.

Capítulo 3

No caminho do crescimento

A família é um sistema que vai se modificando no decorrer do tempo: é importante considerar o ciclo vital das pessoas, dos casais e das famílias.

Para a maioria das famílias, não é fácil encontrar o equilíbrio entre a postura de proteção e a atitude de estimular a entrada no mundo de responsabilidades e compromissos da idade adulta. Porém, ao superar um certo grau de confusão, muitas famílias conseguem modificar regras e limites, reorganizando-se para permitir que os adolescentes tenham mais autonomia.

As solicitações para obter mais independência forçam a renegociação de papéis na família envolvendo pelo menos três gerações: pais e avós também redefinem seus relacionamentos, assim como os cônjuges e os irmãos. Os pais precisam permitir que o filho cresça e, ao mesmo tempo, permanecer disponíveis para orientá-lo e protegê-lo sempre que necessário.

No processo de acompanhar o desenvolvimento dos filhos, os pais e os demais membros da família também podem crescer como pessoas. Todos podem melhorar a qualidade de vida e dos relacionamentos, nessa aprendizagem continuada de cuidar bem de si mesmo e dos demais, valorizando a conquista de cada etapa nas metas propostas.

Neste capítulo, você encontrará reflexões e dicas úteis para a conquista do bem-estar e poderá tirar suas dúvidas a respeito de questões instigantes do desenvolvimento, tais como a sexualidade e a afetividade na adolescência, descobrir maneiras de lidar com os filhos adultos que não saem de casa e conhecer o perfil dos "novos avós".

Os filhos crescem. E os pais?

"Acorda, mãe, não sou mais uma menininha!", reclama Natália, 21 anos, sempre que a mãe a perturba com excesso de recomendações.

Os pais nem sempre crescem junto com os filhos, criando defasagens de comunicação e inadequação na maneira de lidar com situações do cotidiano da família. A difícil arte de educar exige flexibilidade e sensibilidade amorosa para fazer os ajustes necessários a cada etapa do desenvolvimento da criança e do adolescente. Para trilhar o caminho entre a necessidade de receber cuidados (na etapa de bebê e criança pequena) e a capacidade crescente de se cuidar (na criança maior e no adolescente), é preciso encontrar o equilíbrio entre oferecer cuidados e estimular a autonomia, orientar, supervisionar e confiar.

"Ninguém manda em mim! Eu mando em mim mesma!", grita Andréia, 7 anos, enfurecida ao receber ordens que contrariam seus desejos. "Você vai mandar em você mesma quando aprender a fazer o que tem de ser feito!", respondem os pais, atentos a essa passagem da lei do desejo ("só faço o que me dá na cabeça") para a lei da realidade ("tenho direitos e deveres, posso brincar, mas depois de cumprir minhas tarefas"). Um dos principais objetivos da educação dos filhos é ajudá-los a aprender a cuidar bem de si mesmos, dos outros e do ambiente em que vivem. É na família que se adquirem as primeiras noções de cidadania.

No ciclo vital da família, os filhos crescem e os pais envelhecem. Os que sentem dificuldade de aceitar o próprio envelhecimento continuam chamando os filhos de "as crianças" mesmo quando já são adultos; os que não conseguem aceitar a progressiva perda de controle sobre as escolhas dos filhos crescidos ficam furiosos ou magoados quando estes escolhem caminhos com os quais não estão de acordo; os que se aferram rigidamente aos seus próprios pontos de vista consideram erradas as diferentes maneiras de olhar para as mesmas situações, e criticam asperamente as opiniões discordantes; os que são muito perfeccionistas e inseguros não conseguem acreditar no crescimento dos filhos, e continuam tentando impor a eles as escolhas que consideram certas.

Quando os pais sentem dificuldade de transitar pelas diferentes fases do ciclo vital da família, congelam a imagem de jovens pais com crianças pequenas: alguns filhos efetivamente permanecem infantilizados durante toda a vida, sem conseguir cortar o cordão umbilical emocional; outros crescem, apesar das dificuldades dos pais, confrontando-os firmemente ou até de modo duro e incisivo.

Crescer junto com os filhos oferece uma grande oportunidade de evolução pessoal: as conversas familiares se enriquecem com os matizes dos diferentes pontos de vista; surgem contribuições criativas para enfrentar os desafios da vida; solidifica-se o alicerce do respeito pelas diferenças; aumenta a alegria de descobrir semelhanças. Tudo isso compõe o tecido da solidariedade amorosa da vida em família.

A criança que nos habita

Mesmo quando estamos na idade madura, temos uma criança e um adolescente que habitam em nós. A passagem para novas etapas do desenvolvimento não suprime as anteriores. No desenvolvimento emocional saudável há uma integração de todas as etapas. É isso que possibilita a compreensão e a boa comunicação com as pessoas que nasceram bem depois de nós.

O adulto deprimido, desmotivado, amargurado, que perdeu o rumo e o sentido da vida, é aquele que se desconectou da energia que anima o crescimento das crianças. Ou então é o que carrega desde o nascimento a dor do desamor que marcou uma infância sem luz nem colo receptivo, sem ter conseguido reescrever esse início de história por meio do amor e do acolhimento de outras pessoas que lhe abriram o coração em algum momento.

A criancinha que se sente amada e bem-cuidada tem o brilho da vida no olhar curioso e interessado que revela o encantamento e o entusiasmo com cada descoberta: a maneira nova de se divertir com o brinquedo conhecido, o prazer de ouvir a mesma história na hora de dormir, a alegria de dançar e cantar, correr e pular. Mesmo com os inevitáveis momentos de raiva, irritação e choro sentido, a euforia de crescer e a paixão pela vida predominam.

No caminho do crescimento

No decorrer da infância, o encantamento mágico da aprendizagem da leitura e da escrita abre novas janelas para o mundo (apesar dos instantes de desânimo e irritação diante das dificuldades encontradas); o aumento da autonomia desperta na criança o orgulho saudável de fazer mais coisas por conta própria (embora sinta prazer em ter alguém para vesti-la ou dar-lhe comida na boca de vez em quando); a rede de contatos e de amizades que se amplia, na escola e em outros contextos, fortalece sua capacidade de se comunicar e conhecer melhor as pessoas.

Então vem a época das primeiras letras da alfabetização amorosa: os olhares, os sonhos, as fantasias românticas, a insegurança, a tristeza da não-reciprocidade, os anseios, todo esse turbilhão de sentimentos que percorrem os caminhos da paixão e do amor.

E assim entramos na fase adulta com a bagagem da infância e da adolescência colorindo nosso tempo de agora. Em qualquer idade, é possível ter os sonhos românticos dos jovens e fazer pirraça como as criancinhas. Em ocasiões especiais, podemos presentear a criança que nos habita, renovando a ligação com ela, fortalecendo o olhar apaixonado pela vida, curtindo a beleza de um luar, a ternura de um beijo. Mesmo na maturidade, é possível manter o encanto pelas descobertas, a capacidade de brincar e de nos alegrar com coisas simples, desenvolvendo a sabedoria de combinar seriedade com diversão, trabalho com lazer e profundidade com leveza.

Auto-estima

A auto-estima passa por altos e baixos em diversas fases da vida. Varia também nas nossas diferentes áreas de atuação, como revela o *e-mail* que Luciana me enviou: "Sou valorizada no meu trabalho e vivo bem com meu marido. Mas, agora que minha filha entrou na adolescência, estou me sentindo péssima como mãe. Tudo o que eu faço ela critica e fica furiosa quando alguém diz que ela se parece comigo. Quer ser completamente diferente de mim!".

Períodos de grandes mudanças e de desenvolvimento de novas habilidades tornam a auto-estima mais vulnerável. Pais de primeiro filho ainda não adquiriram a confiança de que sabem cuidar bem do bebê e, por vezes, sentem-se incompetentes. Jovens no primeiro emprego podem sentir dúvidas quanto ao seu desempenho e quanto à própria escolha do caminho profissional. O início da adolescência, com as rápidas transformações do corpo, também costuma afetar a auto-estima: "Sou atraente? Conseguirei viver um grande amor?"

Na idade madura, as transformações do corpo e os preconceitos sociais que supervalorizam os jovens e acham que velho é feio fragilizam a auto-estima de muitos. Sentir-se atraente depois dos 50 anos exige um bom trabalho de solidificar a confiança nas próprias qualidades pessoais.

No caminho do crescimento

O olhar crítico e o olhar de apreciação exercem forte influência nas oscilações da auto-estima. Na infância, quando se constroem os alicerces da auto-estima, dizer à criança o que apreciamos nela contribui para que ela tenha um olhar positivo sobre si mesma e confie em sua competência. Em contrapartida, revelar o que não gostamos sem depreciá-la ajuda a modificar comportamentos indesejáveis, levando a criança a sentir-se amada. Faz uma enorme diferença dizer: "Fico danado da vida quando vejo que você não guardou os brinquedos como combinamos; vá guardar agora mesmo!" em vez de: "Você é bagunceira e teimosa!".

Mas não é só na infância nem apenas no contexto familiar que o olhar de apreciação é importante. No trabalho também. Muitos funcionários se ressentem porque seus gerentes nunca elogiam seu bom desempenho, embora não deixem de apontar as menores falhas. O reconhecimento das competências é ingrediente básico da boa qualidade do relacionamento, e isso ajuda a criar um clima de bem-estar que se reflete positivamente na produtividade. Nos treinamentos sobre liderança, enfatiza-se a importância de descobrir o melhor das pessoas, promovendo a boa auto-estima dos funcionários.

Da mesma forma, reconhecer explicitamente o valor da pessoa amada, por palavras e ações, ajuda a preservar a vitalidade de um casamento de longa duração. Em tempo: os filhos também podem colaborar na construção da boa auto-estima dos pais, demonstrando que valorizam o cuidado e o amor que recebem.

Comunidades, cidades e países têm igualmente oscilações de auto-estima. Como melhorar a auto-estima do brasileiro?

Papai Noel existe!

Cristiana está com a seguinte dúvida: "Minha filha ainda acredita em Papai Noel, mas contou que uma amiguinha da escola disse que Papai Noel não existe, que é um homem fantasiado e que são os pais que compram os presentes. Fiquei sem saber o que dizer, mas acho que vou esperar este Natal passar para contar a ela que Papai Noel não existe".

Mas Papai Noel existe! Histórias, lendas, fábulas, mitos existem de verdade na imaginação, na criatividade. Nossos sonhos, fantasias, anseios, esperanças também existem, colorindo nosso mundo interior, motivando-nos, impulsionando-nos para projetos e ações que realizem o sonhado. É claro que há adultos que vivem no país dos sonhos, alimentando a esperança de que seus planos vão se concretizar, cultivando a certeza de que serão bem-sucedidos, ganharão muito dinheiro e ficarão famosos, mas não fazem o menor esforço para construir caminhos reais que os conduzam aonde querem chegar.

Por outro lado, há os que empobreceram sua imaginação, deixaram de acreditar no poder dos sonhos como mola propulsora e cultivaram o medo da esperança como escudo protetor contra eventuais decepções. Paralisados pelo temor de ousar,

No caminho do crescimento

constroem a vida em espaços limitados, evitam mudanças, inovações, projetos diferentes. Sentem-se mais seguros com os pés fincados no chão, as asas cortadas, a vida em tons pastéis, sem cores vibrantes, sem grandes possibilidades e (assim esperam) sem grandes ameaças.

Buscar o equilíbrio entre a capacidade de sonhar e a persistência para construir o caminho sem desistir diante dos obstáculos é a fórmula do crescimento. Pessoas empreendedoras e bem-sucedidas aprenderam a fazer isso, cultivando asas e raízes.

Não é fácil aprender a transitar entre o mundo da imaginação e o mundo dito real. O pensamento mágico da criança não desaparece com o fortalecimento do pensamento racional. Crendices, superstições, amuletos e muitas outras coisas habitam a mente dos mais rigorosos cientistas. Devaneios, sonhos românticos com o príncipe encantado e fantasias heróicas nos embalam mesmo quando já estamos envelhecendo. Os contos de fadas são criações resgatadas no fundo do caldeirão do inconsciente coletivo. Por isso são universais: são os medos, os anseios, as expectativas, as esperanças da nossa humanidade comum.

Papai Noel pode ser apresentado de muitas maneiras, até mesmo de um modo politicamente correto, quando dizemos que nem todos os presentes que estão na lista poderão ser oferecidos, porque há muitas crianças para atender. O conceito de Papai Noel estimula ainda uma reflexão sobre o consumo e a doação, no espírito da partilha. E aponta para a realidade mais difícil: em países como o nosso, com tanta desigualdade social, Papai Noel deixa de visitar muitos lares...

A sensibilidade e a ternura poderão nos guiar nesse momento em que a criança deixa de acreditar em Papai Noel "de carne e osso", mas sem abandonar a crença na generosidade, no amor e na magia das histórias que colorem nossa vida.

Dividindo o quarto

Rafael, 12 anos, desabafa: "Sou muito organizado e não consigo me concentrar nos estudos quando alguma coisa está fora do lugar; meu irmão é bagunceiro, deixa as roupas jogadas, os copos sujos e restos de comida no nosso quarto. Fico com raiva, brigo com ele, acabo arrumando e ele nem sabe, é muito desligado. Mas a gente já conseguiu fazer alguns acordos para usar o computador e a televisão. E não brigamos mais na hora de dormir: ele só consegue pegar no sono com silêncio e luz apagada, eu gosto de ouvir música e aí uso um fone de ouvido".

Esses irmãos fizeram alguns acordos de convívio para lidar com as diferenças de características pessoais e de preferências, mas precisam continuar aprimorando essa habilidade. Dividir o quarto é uma boa oportunidade para aprender a se combinar mais e brigar menos. Na maioria dos lares de maior poder aquisitivo, o quarto de cada filho é um mundo à parte: banheiro privativo, telefone, televisão, aparelho de som, computador. É grande o risco de formar várias "ilhas" isoladas, em que as áreas comuns são pouco utilizadas. Se cada pessoa tem a agenda cheia de compromissos, essa família não se encontra: quando um chega, o outro sai ou então se isola para se dedicar aos próprios interesses. As oportunidades de lidar com as diferenças construindo bons acordos de convívio diminuem no desencontro geral.

No espaço compartilhado há mais oportunidades de criar interesses comuns: se um prefere ver desenhos animados e o outro gosta dos seriados, podem combinar horários diferenciados ou então assistir juntos ao canal de esportes que ambos apreciam. A hora de dormir torna-se ocasião de conversas interessantes; as mesas de estudo no mesmo ambiente podem estimular o mais novo a tirar dúvidas com o mais velho; ter um companheiro de quarto às vezes diminui o medo de estar só ao acordar no meio da noite. O vínculo entre os irmãos é uma oportunidade de desenvolver solidariedade e cooperação.

É claro que nem sempre isso acontece. Há crianças que, embora tenham irmãos, crescem egocêntricas, tirânicas, individualistas: querem defender o que é seu e, se possível, avançar no que é dos outros, mesmo dividindo o quarto e muitos outros pertences. Por outro lado, existem filhos únicos que, apesar de disporem de um amplo território, são generosos e sensíveis aos desejos e necessidades dos outros. Há irmãos que, mesmo depois de adultos, continuam disputando privilégios, brigando e competindo pelo poder de dominar o outro e acabar levando vantagem. Ciúme e rivalidade cristalizam a percepção de que um é o preferido e o outro, o preterido, o que os impede de notar que ambos são importantes, amados e valorizados.

Porém, em qualquer época da vida, as mudanças podem acontecer. Mesmo entre irmãos que brigam muito, a solidariedade aparece quando um percebe que o outro é atacado por colegas da escola e sai em sua defesa; ou quando um pede aos pais que libere o outro do castigo. Até quando um deles afirma constantemente que odeia ter um irmão, pode haver surpreendentes manifestações de saudade no momento em que se separam por alguns dias. Dividindo ou não o quarto, eles dividem muitas experiências de vida e podem aproveitá-las positivamente no crescimento pessoal.

Força do braço *versus* força da palavra

Lucas, 9 anos, grita "Sai!" sempre que a irmã entra no seu quarto e, se não for imediatamente atendido, repete a ordem com um tapa raivoso; na escola, quando um colega esbarra nele acidentalmente, reage com um safanão, pensando ter sido agredido; costuma bater nos amigos quando eles não aceitam suas propostas de brincadeiras. Por tudo isso, é freqüentemente repreendido e recebe poucos convites para festas de aniversário e fins de semana na casa dos amigos. Muitos o evitam pela fama de brigão e encrenqueiro.

Costumo trabalhar com as pessoas que usam a força do braço para tentar resolver impasses e conflitos com o argumento de que a palavra também precisa de "malhação e musculação" para ficar mais forte. Para se relacionar bem com os outros é preciso desenvolver a força dos argumentos, a firmeza do olhar e a postura assertiva.

Tapas, socos e safanões são recursos de quem não sabe usar a força da palavra. Para os de temperamento mais impulsivo, quando a raiva é detonada pela frustração de não ter seus desejos atendidos, o "freio motor" não consegue segurar o braço e a pessoa bate antes mesmo de começar a raciocinar. Os eventuais ganhos desse abuso de poder não compensam as perdas resultantes do acúmulo de mágoa, ressentimento, raiva, revol-

No caminho do crescimento

ta e distanciamento dos atingidos. Quando o outro também tem pavio curto, o resultado é a escalada da agressão: ambos querem dar o último tapa para sair vencedor.

Os irmãos mais velhos dizem que os mais novos são provocadores e implicantes. Por isso, eles se descontrolam, batem e são repreendidos pelos pais com o seguinte argumento: "Bateu, perde a razão". As crianças pequenas têm, naturalmente, maior dificuldade para controlar a impulsividade: quando a raiva fica maior do que elas mesmas, partem para o ataque. Comumente, as criancinhas entre 2 e 3 anos aparecem com marcas de mordidas dos colegas. Ou até mesmo com marcas de dentes de gente grande. Foi o que me relatou uma professora, horrorizada ao ver um menino de 4 anos ser mordido pela avó!

Há adultos que não conseguiram desenvolver o necessário controle da impulsividade, que nos ajuda a expressar raiva, indignação e frustração com a força da palavra, e não com agressão física. Nem com agressão verbal: é preciso deixar claro que xingamentos, ofensas e acusações infundadas não têm nada a ver com a força da palavra. Mas é o que vemos em diversos cenários: nas famílias, nas brigas no trânsito e até mesmo no noticiário, mostrando políticos em acaloradas discussões no plenário que, às vezes, acabam em murros e safanões.

A força da palavra é a capacidade de construir argumentos bem fundamentados. Com isso, somos convincentes sem recorrer à coerção, escutamos respeitosamente os argumentos dos outros e criamos propostas satisfatórias para ambas as partes. É uma habilidade cada vez mais valorizada no mercado de trabalho: o bom negociador sabe escutar, tem controle sobre suas emoções, consegue fazer boa gestão de conflitos, é capaz de administrar a própria raiva e a dos outros. A força da palavra sinaliza o bom desenvolvimento das inteligências emocional e relacional. Pode ser desenvolvida na infância e precisa ser aprimorada no decorrer da vida.

Adolescência

Vejo muitos pais com medo da adolescência dos filhos. Esse medo pode até estar oculto pelo preconceito de chamá-los de "aborrescentes". Os temores principais referem-se à rebeldia, à escolha de amigos, ao uso de drogas, à gravidez precoce e às doenças sexualmente transmissíveis.

Cerca de 30% da população mundial está na faixa entre 10 e 24 anos. É uma fase do ciclo vital cheia de desafios e oportunidades: expansão do conhecimento, desenvolvimento de talentos e habilidades, consolidação da autonomia e da identidade, alfabetização amorosa. O adolescente já não é uma criança, e ainda não é adulto. Há perdas e ganhos, transformações da identidade, do seu modo de ser no mundo. Entre alegrias, tristezas, incertezas, insegurança, ilusão de onipotência, esperanças, angústias e busca de sentido para a vida, o adolescente precisa, fundamentalmente, ser ouvido, compreendido e respeitado para que possa compreender-se mais a fundo, integrando contradições, oscilações e turbulências.

Ele necessita de apoio e orientação por parte de adultos que sejam bons modelos de identificação. A influência do grupo de amigos é muito relevante, para bons e maus caminhos. "Criar filhos para o mundo" não significa deixá-los abandonados à própria sorte, fazendo o que querem e o que bem entendem. Muitos casos de problemas de conduta e de extrema rebeldia são gritos de pedido de uma abordagem mais serenamente firme. Uma pesquisa da Escola de Saúde Pública da Universidade de Harvard ressalta alguns princípios básicos de atuação da família na educação de adolescentes:

• Dar amor e solidificar o vínculo afetivo — amor e limites precisam vir juntos para que sejam eficazes. Limites bem colocados significam proteção e orientação, e não punição ou demonstração de poder.

• Monitorar e observar — saber onde e com quem está e a que horas retorna não é controle, é cuidado, numa etapa de vida em que ainda está se formando a capacidade de autoproteção. Acompanhar o desempenho escolar e a responsabilidade com as tarefas é igualmente importante.

• Atuar como modelo e consultor, provendo e protegendo — os pais não são perfeitos, mas é reconfortante quando mostram empenho em se tornar pessoas melhores e estão disponíveis para ouvir os sonhos e os planos de construção do futuro dos filhos, ajudando-os a buscar informações que lhes permitam encontrar bons caminhos de vida.

É inegável a importância da família no desenvolvimento dos adolescentes, mas também é preciso refletir a respeito da influência dos adolescentes sobre a família. As experiências de projetos de educação em saúde ou de preservação ambiental envolvendo jovens multiplicadores (ou seja, que receberam treinamento para transmitir informações relevantes) nos convidam a valorizar o potencial criativo dos jovens como agentes de mudança no contexto em que vivem. Os profissionais que trabalham em parceria com adolescentes costumam dizer, com razão: "Se o jovem faz parte do problema, também faz parte da solução".

A frustração do "ficar"

"Com quantas garotas você ficou na festa de sábado?"; "Quantos amigos você tem no Orkut?". No consumo compulsivo de relacionamentos, quantidade vale mais que qualidade. A triagem é tão veloz que deixa escapar boas possibilidades: celulares são rapidamente excluídos da memória, as trocas de mensagens pelo computador não passam dos primeiros dias, os endereços são apagados, o interesse extinto, os contatos instantaneamente descartados. Não há tempo para conhecer algo além dos beijos trocados, até mesmo antes de perguntar o nome.

O sentimento de excitação e de euforia pelas conquistas efêmeras acaba dando lugar à sensação de vazio, frustração e descrença na possibilidade de ter um relacionamento estável. Passar do "ficar" para o "namorar" exige o desenvolvimento de habilidades diferentes: a capacidade de nutrir a afeição, a curiosidade de descobrir afinidades, a habilidade de harmonizar diferenças, de combinar interesses discrepantes. É aprender a lidar com o ciúme, a construir confiança, encontrar o equilíbrio entre o desejo de ficar juntos e a necessidade de cuidar de interesses particulares. É conseguir tolerar as esquisitices do outro e ter paciência com eventuais crises de mau humor e irritabilidade. São passos importantes do processo de alfabetização amorosa.

No caminho do crescimento

Os limites da intimidade do "ficar" e do namoro também variam, e são motivos de preocupação para muitas famílias. Diversas adolescentes acham que os pais são conservadores porque as aconselham a ser mais recatadas. No entanto, entre os próprios adolescentes, coexistem padrões mais avançados e julgamentos conservadores. Os conceitos de "piranha", "galinha", "cachorra" e outros nomes mais vulgares ainda são amplamente utilizados, inclusive quando as garotas avaliam o comportamento das outras. "Deu mole pra mim" é um comentário que ainda implica em desvalorização da mulher. Muitos rapazes (e homens adultos) ainda se assustam e se retraem quando "atacados" por iniciativas explícitas e cantadas ousadas das mulheres. Ou então fingem que aceitam e rapidamente descartam as mais oferecidas.

Não estamos mais no território tradicional da relação entre homens e mulheres, mas ainda há julgamentos e expectativas conservadores que confundem os passos da dança da sedução. As sutilezas do mistério da atração e a arte de despertar o desejo ainda desafiam pessoas de todas as idades que "ficam" e querem namorar. A frustração de não conseguir despertar interesse em alguém e a dificuldade de se sentir atraído pela mesma pessoa por muito tempo são queixas freqüentes. Muitos acabam se fixando nessa etapa do "ficar", alimentando o anseio de encontrar o grande amor, sem conseguir superar o medo de se envolver.

Há apenas algumas décadas, perder a virgindade antes do casamento era um risco enorme de ficar desvalorizada no mercado nupcial; atualmente, moças que continuam virgens após os 20 anos afirmam ter dificuldade de revelar esse "problema" a um novo namorado, com medo de que ele desista, por achar que é muita responsabilidade tirar essa "virgindade tardia". Em muitos sentidos, os tempos mudaram. Mas, em outros, nem tanto.

Filhos do Carnaval

Nazaré me enviou um *e-mail*, apresentando-se como avó prematura: "Pensei que minha filha fosse uma moça ajuizada, mas no Carnaval muita gente perde a cabeça sem pensar nas conseqüências. Resultado: engravidou. Ela jurou que havia usado preservativo e que não entendia o que aconteceu. O fato é que, mais cedo do que imaginei, já estou com um neto de quase 1 ano, que é a alegria da casa mas fruto de uma relação passageira, feita no impulso. Ela mal sabe o nome do rapaz, o endereço, muito menos. E ele nem tem noção de que tem um filho. O menino vai crescer e querer saber quem é o pai. E aí? Como é que a gente vai lidar com isso?".

Como diz o ditado: "Filhos criados, trabalho dobrado". Uma das maiores angústias de pais com filhos adultos é a impossibilidade de controlar o que eles fazem e influir nas escolhas de caminhos de vida, embora muitos se sintam na obrigação de arcar com as conseqüências. Em especial quando isso envolve uma criança "que não pediu para nascer", mas está aí, precisando ser amada e bem cuidada. Pais que se tornam avós muito antes de contar com essa nova fase da vida costumam sentir dificuldades em estabelecer a fronteira entre ajuda e interferência: a tentação de serem os pais do neto é grande, mas assumir toda a responsabilidade pelo cuidado e pelo sustento da criancinha não estimula o crescimento pessoal de quem a gerou.

Há várias maneiras de construir uma família: o convívio entre três gerações é uma delas; é preciso também reconhecer que a falta de um dos membros do núcleo familiar não pode ser completamente preenchida por outra pessoa. No entanto, é comum subestimar a capacidade das crianças pequenas para compreender a situação em que vivem e conviver com a falta. Muitos adultos, com pena do sofrimento da criança, tentam por todos os meios "preencher o buraco", com excesso de presentes, concessões ou até mesmo com mentiras.

Contudo, quando apresentamos a verdade com sensibilidade, prestando atenção à maneira como a criança expressa o que sente (em brincadeiras, desenhos, comentários repentinos), vemos que ela é capaz de lidar com os acontecimentos da vida com muito mais força e aceitação do que a maioria dos adultos imagina. Isso acontece em situações em que os familiares conversam sobre a adoção, a morte de um parente próximo, a ausência de um pai.

Digerir emocionalmente acontecimentos difíceis leva tempo, tanto para crianças como para adultos. As conversas sobre o tema não são episódios isolados, fazem parte de um processo que se desdobra por muitos anos. É preciso, sobretudo, reconhecer a validade dos sentimentos de tristeza, raiva, dúvida ou frustração: isso ajuda imensamente a criança a crescer sabendo que a vida de todos nós é uma mescla de perdas e ganhos, faltas e realizações, frustrações e satisfações, restrições e possibilidades.

O código do macho

Embora o lado feminino dos homens esteja sendo mais apreciado e estimulado, no que isso representa de participação nas tarefas domésticas, na educação dos filhos e em expressões de cuidado e de ternura nos relacionamentos afetivos, ainda coexiste o "código do macho" não somente na educação dos meninos como também no convívio entre os rapazes.

Como tenho experiência de trabalho com diferentes classes sociais, fico atenta a semelhanças nesses padrões de formação da masculinidade. Embora se encontrem homens que cuidam da casa e cozinhem bem, em boa parte das famílias isso ainda é considerado "trabalho de mulher", e não "trabalho de pessoas" que consideram a família como uma comunidade social em que todos devem compartilhar as tarefas que resultam em benefício coletivo. O padrão "dois pesos, duas medidas" ainda é largamente aplicado: as meninas são muito mais solicitadas a lavar a louça, preparar as refeições e arrumar a casa, ao passo que "os homens da casa", quando muito, trocam lâmpadas e consertam a torneira que está pingando. Em inúmeras famílias, as moças se queixam de que seus irmãos têm mais liberdade com os horários de chegar em casa ou com o tipo de programas que podem fazer pelo simples fato de serem homens, enquanto elas correm o risco de ficar malfaladas.

Cá entre nós

A preocupação da família de desenvolver a masculinidade dos meninos ainda resulta em alta freqüência de erotização precoce. A curiosidade sexual desenvolve-se normalmente, o interesse é despertado de modos variados em meninos e meninas, sem que haja necessidade de incentivos especiais. Lembro-me de uma palestra em que uma avó, preocupada, me perguntou o que deveria fazer para estimular o neto que ainda não tinha começado a namorar. E qual a idade do menino? Cinco anos! É muito cedo para começar a namorar! Mas, sem dúvida, esse é um reflexo do código do macho, que procura despertar o apetite sexual desde cedo. Embutido em tudo isso está o temor do homossexualismo.

O código do macho é também veiculado entre os colegas. A pressão do grupo que só aceita como membros os que se vestem e se comportam dentro dos padrões exigidos é muito forte, com nítidas tinturas de preconceito. Eles isolam, criticam, perseguem e marginalizam os que não se enquadram: roupas e tênis diferentes dos padrões são rotulados como "coisa de veado", assim como a recusa de bebidas alcoólicas e cigarros. A timidez para "pegar mulher" também é inaceitável, a "contabilidade" de cada festa é diretamente proporcional à macheza. O rapaz que voluntariamente retarda sua iniciação sexual para esperar que esta aconteça num relacionamento afetivo, em vez de procurar uma garota de programa, precisa ter muita coragem para enfrentar a pressão do grupo e até mesmo do próprio pai.

Tudo isso revela o medo dos desejos homossexuais. E esse código do macho acaba prejudicando até mesmo o cuidado

No caminho do crescimento

com a saúde: quantos homens (inclusive intelectuais e profissionais bem-sucedidos) ainda se recusam a fazer o exame de próstata, tão importante para a prevenção do câncer, por não conseguir se imaginar "naquela posição humilhante"?

Pagar mais caro

Na estrada, no meio de uma viagem longa, paramos para almoçar num restaurante onde havia "O recanto dos caminhoneiros", com um cartaz mostrando preços diferentes para pratos com e sem restos de comida. Imagino que, com isso, a maioria das pessoas coloque no prato apenas aquilo que realmente comerá. Conseqüência lógica: quem desperdiça paga mais caro.

De imediato, tirei dos arquivos da memória um relato de Maria Luísa, diretora de uma escola de classe média alta, preocupada com o grande número de carteiras quebradas nas salas de aula: contrataram um marceneiro para ensinar os "vândalos" a consertar o que destruíram. Conseqüência lógica: quem quebrou tem de restaurar. No semestre seguinte, a incidência de carteiras quebradas diminuiu sensivelmente: chegaram à conclusão de que o trabalho de consertar não compensava o prazer de destruir. Essa medida foi muito mais eficaz do que uma bronca da diretora ou a suspensão.

Estabelecer conseqüências para os erros, exigir o reparo do que foi estragado ou a limpeza do que ficou sujo são ações de educação para o consumo consciente e para a responsabilidade. O mesmo vale para a "educação continuada" dos adultos: quando o atual Código de Trânsito foi aprovado, colocando como conseqüências multas pesadas e perda de pontos nas carteiras de

No caminho do crescimento

habilitação, diminuíram sensivelmente os acidentes nas estradas em decorrência do excesso de velocidade, da falta do cinto de segurança e do hábito de falar ao celular dirigindo o carro. Conseqüência lógica: quem infringe a lei sente a dor no bolso e se arrisca a perder a habilitação. Infelizmente, foram tantas as multas anistiadas e os pontos recuperados que o mau comportamento no trânsito voltou a ficar mais freqüente.

Aprender a refrear alguns desejos para satisfazer outros ou, simplesmente, para respeitar os gastos prioritários no orçamento também depende da consistência das conseqüências colocadas: se a conta do celular da adolescente estourou a cota estabelecida, o dinheiro que poderia ser gasto com outras coisas deverá ser usado para cobrir o excesso; se o jovem adulto que ainda mora com os pais sistematicamente esquece as luzes acesas, precisará contribuir para o pagamento da conta de luz da casa.

Costumo sugerir aos pais, cansados de falar as mesmas coisas sem que os filhos sequer os escutem, que passem a substituir as palavras repetidas por ações conseqüentes. Para começar, fazer com que a própria criança diga em voz alta o que tem de fazer e cobrar a ação com firmeza e consistência; por exemplo, recolher as roupas espalhadas pelo quarto e a mochila jogada na sala.

Pequenas mudanças nos circuitos da comunicação familiar resultam em modificações significativas que melhoram a qualidade do convívio. São decisões simples que, implementadas com consistência e firmeza, podem economizar horas de discussões desgastantes, de acusações inúteis e de reclamações ineficazes.

A geração canguru

Há poucas décadas, muitos jovens adultos acalentavam o sonho de deixar de morar com os pais e tomar conta da própria casa. Alguns rapazes eram incentivados a conquistar a independência morando sozinhos ou dividindo um apartamento com amigos, mas quase todas as moças saíam da casa dos pais somente quando se casavam. Começavam a vida com orçamento apertado e, aos poucos, faziam seu caminho.

Atualmente, muitos filhos adultos continuam morando com os pais. Não querem abrir mão do conforto de ter casa, comida, roupa lavada e outras mordomias. Acham melhor do que dar duro para conquistar a independência tal como era entendida pelas gerações anteriores.

Geração canguru é aquela que "não sai da bolsa". Muitos desses jovens adultos alegam que se relacionam bem com os pais e não sentem vontade de montar casa própria. Outros têm um relacionamento muito conturbado, mas não se sentem em condições de sair de casa nem com disposição para viver com orçamento apertado. Alegam que, com toda a dificuldade de inserção no mercado de trabalho, os salários que recebem não lhes permitem viver com razoável conforto.

Construir um bom convívio com filhos adultos que moram em casa tem desafios especiais. Algumas questões: em que

No caminho do crescimento

extensão eles contribuirão para as despesas da casa, além de cobrir suas despesas pessoais? Como pais e filhos adultos repartem as tarefas de cuidar de roupas, comida, limpeza? Não é mais possível dar broncas nem colocar de castigo porque o quarto está terrivelmente desarrumado, mas como negociar uma manutenção decente do espaço coletivo?

Com filhos adultos, não dá mais para controlar horários e saídas; porém, que acordo é possível fazer para que todos sejam avisados quando algo sai do previsto, considerando-se que vivemos num contexto de insegurança pública? Da parte dos filhos, é importante saber a diferença entre "dar satisfações" e "dar notícias", lembrando que consideração e respeito não são incompatíveis com autonomia; da parte dos pais, cabe aprender a diferença entre exercer controle e desejar cuidar (não de criancinhas, mas de adultos interdependentes).

O convívio com namorados e namoradas é outro tópico especial das negociações familiares. Há pais e filhos adultos que acham melhor dormir fora de casa com seus amores, quando a privacidade dos familiares é um valor a ser preservado. Porém, se a família acha que é mais seguro que os filhos adultos durmam em casa com seus amores, há outros aspectos a serem discutidos: qual o tempo mínimo de namoro para começar a dormir em casa? E se a tendência for de "alta rotatividade"? E o que fazer quando os ruídos amorosos ultrapassam os decibéis convenientes e deixam os outros constrangidos?

Se o caminho da conversa tiver sido bem pavimentado na infância e na adolescência, a convência com filhos adultos na mesma casa é um campo rico para combinar diferentes pontos de vista na construção dos acordos de convívio.

155

Apreciando as novidades

Ao sair de uma maravilhosa apresentação de um grupo de chorinho, ouvi o seguinte comentário: "Achei chato, só havia duas músicas que eu conhecia, aí só gostei dessas". Se a pessoa só gosta do que conhece, como conseguiu gostar quando ainda não conhecia? E por que não abre os ouvidos e o coração para acolher as novidades musicais para então ver se podem entrar na lista favorita? Fiquei me lembrando de pais desesperados com as imensas restrições alimentares dos filhos, engessados na atitude do "não provei, não gostei", impermeáveis a argumentações, ameaças e chantagens para provar apenas uma colher do suflê de espinafre.

Por outro lado, há pais que temem que a curiosidade e a irresistível atração pelas novidades levem os filhos adolescentes a experimentar drogas ou se lançar sem o necessário preparo à prática de esportes radicais em busca de emoções intensas. Temem também que a sede de experiências novas conduza os filhos (e especialmente as filhas) à instabilidade afetiva, levando-os a "ficar" com muita gente sem conseguir construir uma parceria duradoura. De fato, descobrir o novo em nós mesmos e na pessoa amada é uma arte difícil para muitos.

Medo do novo, medo da mudança: isso existe em pessoas e também em organizações. "Não se mexe em time que está ganhando" e outras expressões equivalentes, quando interpre-

No caminho do crescimento

tadas ao pé da letra, levam à paralisação, que prejudica a necessária flexibilidade do olhar atento que avalia se não é o momento de fazer melhorias, de continuar aperfeiçoando, de reavaliar os resultados. Isso vale para os relacionamentos amorosos, para a relação familiar, para o desenvolvimento das empresas.

"Ruim com ele, pior sem ele" mumifica casamentos insatisfatórios, faz com que a gente permaneça em empregos ruins que em nada contribuem para nosso crescimento pessoal por medo de batalhar por mudanças dentro ou fora da situação que nos deixa infelizes. A necessidade de permanecer ancorado no porto seguro é continuamente alimentada pelo temor não só de se arriscar a navegar por mares desconhecidos como também de fazer um projeto de reforma no velho barco.

Viver no mundo contemporâneo, com mudanças velozes, onde nada é garantia de coisa alguma, dá a muitos a sensação da falta de chão, a triste certeza de que nada foi feito para durar (geladeiras, empregos, casamentos...). A transitoriedade é a marca da cultura do descartável, a rapidez com que coisas e conhecimentos se tornam obsoletos é desesperadora para as pessoas com medo do novo. Por outro lado, o culto à inovação traz o risco de se desprezar o que vale a pena, mesmo que seja antigo, tradicional. O grande desafio é encontrar o ponto de equilíbrio entre a abertura para as mudanças e a sabedoria de escolher o que precisa permanecer.

Festas sem álcool

O terror estava nítido no olhar de Filipe, diante da decisão da mãe de não incluir bebidas alcoólicas em sua festa de 14 anos: "Se não tiver pelo menos umas cervejas, ninguém vai!".

O argumento insistentemente repetido é: "Todo mundo faz, só eu que não posso!". Constrangidos e pressionados, alguns pais abrem mão de seus valores e de seus critérios de certo e errado, chegando até mesmo a desobedecer às leis: assim, liberam a bebida alcoólica nas festas dos adolescentes, permitem que eles se reúnam em casa para a "pré-night" (ingerir bebidas alcoólicas antes de sair para as festas, para lá chegarem mais descontraídos e "calibrados"), que dirijam o carro da família antes de ter a carteira de habilitação.

O medo de serem considerados ultrapassados, caretas, reacionários ou de serem acusados de autoritários, intolerantes e pouco compreensivos é um dos motivos que fazem os pais recuar diante da insistência e dos argumentos dos filhos para que revejam suas posições à luz do "vocês são os únicos que proíbem".

A construção de consensos e de acordos de bom convívio é enriquecedora para todos: estimula a capacidade de argumentar de modo convincente, o respeito pela escuta do ponto de vista dos outros, a troca de idéias, que permite avaliar a situação de diferentes ângulos. Com isso, cresce a cooperação, a responsabilidade pelas decisões tomadas coletivamente, a conversa estimulante. Decisões que determinam o lugar para onde irão viajar nas férias, a partilha das tarefas da casa ou a hora de sair das festas podem ser tomadas desse modo, em que todos têm voz e vez para opinar.

No entanto, é preciso distinguir claramente entre o que é e o que não é negociável. Essa fronteira varia nas diferentes famílias: há as que são extremamente flexíveis, possibilitando tantas exceções à regra que acabam gerando inconsistências do tipo "hoje não pode pular no sofá da sala, mas, se amanhã eu estiver muito cansada, não vou tomar conhecimento, e aí pode até rabiscar as paredes". Há as que são tão rígidas que não levam em consideração situações especiais, como por exemplo: "Não admito que falte à escola, nem para enforcar um feriado, nem quando está doente". A fronteira entre o proibido e o permitido também difere entre pai e mãe em questões tais como determinar o horário razoável para dormir, a pontualidade nos compromissos, o tempo gasto no computador e nos videogames. Por fim, as fronteiras são marcadas e remarcadas também de acordo com o crescimento dos filhos, com o aumento de sua autonomia e com o contexto em que vivemos.

O desejo de que os filhos se sintam felizes ou não passem pelo constrangimento de ser diferentes dos colegas motiva alguns pais a fazer concessões que não deveriam ser feitas, cedendo rapidamente ao argumento de que "no seu tempo era assim, agora as coisas são de outro jeito". Não é verdade nem normal que todos os adolescentes se embriaguem, usem drogas ou façam grandes besteiras. Sem medo de desagradar aos filhos, frustrá-los ou estimulá-los a fazer escondido aquilo que é proibido, os pais devem se posicionar de modo firme, com atitudes protetoras, para que, na viagem por esse trecho da estrada da vida, freio e acelerador funcionem com eficácia e equilíbrio, evitando acidentes graves.

O valor dos pequenos progressos

A exigência é um bom motor para nos impulsionar a ser melhores do que estamos sendo agora. Mas, quando exageramos na dose e passamos para o território da superexigência, corremos o risco de nos paralisar ou adoecemos com tanto estresse auto-imposto. A mania de perfeição não se limita a infernizar a vida da própria pessoa que se exige de modo tão cruel; traduz-se também em cobranças para que esse padrão seja adotado pelos outros, tanto os de casa como os colegas ou os que estão subordinados à sua chefia.

Se a dona de casa tem mania de limpeza, não é só ela quem sofre com as revisões intermináveis das gavetas dos armários: os filhos sofrem com as reclamações incessantes da bagunça nos quartos, o marido criticado sofre porque tirou as almofadas do lugar ou deixou o cinzeiro com pontas de cigarro; a empregada pressionada sofre porque os copos não estavam todos imaculadamente lavados.

Se for a gerente que se exige desempenho impecável, triturará seus colaboradores com as pressões de metas a cumprir, com um olhar incansavelmente vigilante, controlando tudo porque é difícil confiar na capacidade e na competência dos outros, tudo tem de passar pelo seu crivo.

Em suma, a pessoa superexigente sofre e faz sofrer. Seu olhar se viciou na busca de faltas e falhas, padece de um alto grau de miopia seletiva: não consegue enxergar o que há de bom nos outros nem em si própria (embora tente esconder a insegurança com disfarces de arrogância, prepotência e autoritarismo) e acaba criando um clima de mal-estar em casa, no trabalho, com os amigos. Ninguém agüenta ouvir críticas demolidoras, censuras e cobranças o tempo inteiro.

Músculos atrofiados ou com pouco uso precisam de fisioterapia e de um programa de exercícios eficazes para recuperar sua força e funcionar bem. Os que sofrem de miopia para enxergar a beleza e o lado positivo e competente de si mesmos e dos outros precisam exercitar essa musculatura ocular com exercícios diários, criando o hábito não só de descobrir o que podem apreciar como também (o que é mais difícil e ousado) de expressar claramente essa apreciação.

Muita gente sofre com a carência de elogios e de reconhecimento desde a infância. Aquele papo de criticar as notas ruins no boletim escolar sem sequer comentar as boas com o argumento de que "não fez mais do que sua obrigação" traz mais ressentimentos do que desejo de melhorar. Com freqüência, essa mesma atitude está presente no ambiente de trabalho, entre colegas, chefes e funcionários: "Não vou botar azeitona na empada dos outros". E toda uma equipe deixa de produzir quanto poderia se as pessoas trabalhassem com o prazer de se sentir reconhecidas em suas competências.

Valorizar os pequenos progressos, em si mesmo e nos outros, é ingrediente básico para a criação de um clima de bem-estar, cooperação e estímulo à produtividade e ao crescimento. Vale a pena experimentar!

Estar bem

Ter equilíbrio implica uma busca permanente, não é um estado que conquistamos para sempre. Passear pelas polaridades tentando extrair o que há de melhor em cada possibilidade nos conduz ao caminho da riqueza interior: a capacidade de estar bem conosco e com os outros. Ficar com as pessoas conversando, partilhando prazeres em comum, mergulhados numa intimidade gostosa, ouvindo atentamente o que está sendo dito, tecendo idéias: nessa rua de mão dupla, recebemos e oferecemos algo de nós, seja o acolhimento, seja o gesto amigo, seja a informação útil. Estar consigo mesmo é caminhar pelas trilhas do autoconhecimento, viajar para dentro de si, pensar, refletir, consultar sua sabedoria interna para tomar decisões cruciais, recarregar as baterias após um dia cansativo, recolhimento que antecede novas saídas, descobrir-se como companhia agradável para si próprio.

Mas há pessoas que se fixam numa só extremidade, com receio de passar para o outro lado. Na compulsão de contato, a pessoa que sente medo de se encontrar consigo mesma se imagina com uma enorme face sombria, deprimida, angustiada com o fantasma da solidão. Vale tudo, desde passar horas na companhia de gente chata e desinteressante até deixar a televisão ligada só para ouvir alguém falando dentro de casa. Quantas pessoas ficam penduradas em relações insatisfatórias para evitar o pesadelo de tomar o café-da-manhã sem companhia? Quantos se esforçam arduamente para agradar aos outros, mesmo se sentindo explorados e mal atendidos, na esperança de jamais ser abandonados? Ficar só é sentir um gigantesco vazio, é a impossibilidade de se preencher.

Por outro lado, as pessoas que afirmam que preferem permanecer sozinhas porque gostam da própria companhia freqüentemente encobrem o medo de ficar à mercê de outros que não podem controlar. O medo de ser rejeitada faz a pessoa evitar vincular-se, seja pela amizade, seja pelo amor. Desilusões anteriores, sofrimento intenso por ter sido abandonada ou traída, medo de passar por tudo aquilo de novo formam a couraça defensiva do "eu me basto". A rede de amigos é ínfima ou inexistente, os amores são fugazes ou completamente barrados, trabalhar em equipe é pouco produtivo, sob a alegação de que o ritmo dos outros é lento demais. O medo de arriscar e se decepcionar empobrece a possibilidade da contribuição recíproca.

Em família ou no ambiente de trabalho, nem sempre a dança entre ficar só e estar com os outros é bem coreografada. O cônjuge grudento aflige o outro que precisa de tempo para cuidar de seus interesses particulares, com cobranças e solicitação de atenção constante. A funcionária que precisa de silêncio para concentrar-se na tarefa a ser terminada se perturba com a extrema sociabilidade dos colegas que conversam animadamente no mesmo ambiente de trabalho. A percepção sensível das necessidades e características dos outros é a bússola que pode nos guiar nas trilhas dos acordos de bom convívio, na busca do difícil equilíbrio entre a privacidade e o espaço/tempo compartilhado.

Os novos avós

Quando começou a aumentar o número de divórcios e novas uniões, os jornalistas que me entrevistavam perguntavam se a família havia acabado. Os profissionais da área estavam tratando de aprofundar seus conhecimentos sobre os diferentes tipos de organização familiar: a nova família. Hoje, todos sabem que a família não vai acabar, mas mudou, podendo constituir-se de diferentes maneiras.

Os avós também mudaram, porém não se costuma falar muito dos novos avós. Ainda há os que estão disponíveis para tomar conta dos netos e que reservam para eles os momentos mais especiais; os que permitem que os netos façam tudo o que querem, exasperando os pais que se preocupam em colocar limites e disciplinar os filhos; há os que interferem na educação das crianças, desqualificando a atuação dos pais na tentativa de ocupar sua vida cuidando dos netos para acabar definitivamente com os sintomas da síndrome do ninho vazio, que surgiu com a saída dos filhos adultos. E há os avós que, devido às dificuldades econômicas ou à ausência dos pais, assumem a responsabilidade pelo sustento dos netos e são chefes de família.

No entanto, as pessoas na idade madura estão descobrindo novas possibilidades de fazer projetos de vida. Muitas começam uma segunda carreira após a aposentadoria ou renovam seus interesses na área do trabalho. Há quem comece a desenvolver novas habilidades: freqüentam universidades da terceira idade, cursos de pintura, academias de ginástica e de dança de salão ou aprendem a tocar instrumentos musicais. As opções de lazer também se ampliaram com grupos organizados para ir ao teatro, ouvir música ou viajar. Os mais ousados começam a fazer até mesmo esportes radicais. A agenda dos novos avós compete com a das "crianças executivas": muitas aulas, atividades e compromissos. Sobra pouco tempo livre.

Avós separados ou viúvos também "ficam" e namoram. Falam mais abertamente sobre seus relacionamentos, e isso pode até aproximá-los mais dos netos adolescentes. Muitos acham "o maior barato" ter avós que estão abertos para a vida, em constante renovação. Por outro lado, há uma safra crescente de jovens avós, cujos netos nasceram durante a adolescência dos pais. Todos esses novos avós podem fazer programas empolgantes com os netos e conversar abertamente sobre temas de interesse comum, no tempo reduzido das respectivas agendas.

Porém, escuto muitos filhos se queixando do egoísmo desses novos avós que não estão tão disponíveis para cuidar dos netos e só querem saber de curtir a própria vida nessa fase que costumam chamar de "segunda juventude". Os jovens avós ainda nem chegaram à idade madura, mas também estão muito ocupados com os próprios compromissos e tampouco correspondem à imagem tradicional dos avós que giravam em torno de filhos e netos. Contudo, mesmo com projetos de vida enriquecidos por múltiplos interesses que reduzem o tempo de convívio, os novos avós e seus netos podem construir um vínculo especial, cheio de ternura e cumplicidade, em que o amor floresce com as singularidades que não se encontram nos outros relacionamentos familiares.

Cuidando dos outros e de si

"Minha felicidade é fazer os outros felizes." Cuidado: quem diz essa frase nem sempre é genuinamente altruísta. E mais: condutas que, na aparência, são de extrema dedicação, abnegação, sacrifício e renúncia costumam encobrir uma forte cobrança de reconhecimento e presença constante. O ser humano precisa dar e receber, nutrir e ser nutrido. Quem passa a imagem de ser fonte inesgotável de doação, como se não precisasse se reabastecer, está fazendo os outros assinarem promissórias secretas de dívidas de gratidão.

Pessoas extremamente devotadas aos outros, seja na família, seja no trabalho, costumam montar a seguinte equação emocional: "Se eu fizer tudo o que as pessoas querem, elas nunca me abandonarão". A esperança é tornar-se indispensável, garantindo permanência no emprego, ascensão profissional e estabilidade na relação amorosa. Porém, como nada é garantia de coisa alguma, essa equação é furada e o resultado é frustração, mágoa, ressentimento e a impressão de ter sido injustiçado quando outro funcionário é promovido ao cargo desejado, os filhos saem de casa ou a pessoa amada decide terminar a relação.

A intensa dedicação envolve o sério risco de transformar a pessoa em vítima da exploração dos acomodados. Na escola, o trabalho do grupo acaba sendo quase todo feito por um só e os

No caminho do crescimento

demais pegam carona nas boas notas; na empresa, o funcionário exemplar que é o primeiro a chegar e o último a sair faz tarefas que competem a outros; a mulher que não agüenta esperar que o marido e os filhos lavem os copos que deixaram na pia reclama da falta de colaboração, mas concentra todo esse trabalho literalmente em suas mãos. "Mamãe dá bronca, ameaça com castigos, mas é só esperar um pouco que ela acaba fazendo tudo, a gente nem precisa se incomodar." Até as crianças pequenas rapidamente percebem os benefícios da acomodação.

A administração do tempo é uma arte difícil para aqueles que se sobrecarregam de compromissos ou não conseguem organizar-se de modo que possam cuidar bem dos outros e reservar um tempo para cuidar de si mesmos. Acabam se abandonando, e isso vai muito além de uma aparência desleixada ou do costume de pular refeições por falta de tempo para se alimentar adequadamente. O auto-abandono é desamor, é o sentimento que leva uma pessoa a achar que só merece ficar no último lugar da fila, deixando todo mundo passar primeiro, é baixa auto-estima, é depressão.

Cuidar de si mesmo não é passar horas no salão de beleza nem malhar exaustivamente na academia de ginástica, em busca do corpo perfeito. Nem é cair no extremo oposto de pensar só em si mesmo e em seus interesses individuais, negligenciando as responsabilidades e pouco se importando com os outros. No campo dos cuidados recíprocos, é preciso buscar o equilíbrio entre atender os outros e a si mesmo, abrir o coração para dar e receber amor, descobrir a riqueza da troca de idéias, de gentileza e de carinho.

Capítulo 4

Sentimentos entrelaçados

Os sentimentos colorem nosso interior e todos os nossos relacionamentos. Eles se transformam uns nos outros, embora às vezes se cristalizem em mágoas, raivas e tristezas eternas. As crianças mostram nitidamente a rápida passagem de um sentimento para outro: choram desconsoladas quando lhes tiram um brinquedo das mãos; minutos após, estão alegremente se distraindo com outras coisas; brigam com os amigos afirmando que nunca mais querem vê-los e, no dia seguinte, combinam de se encontrar (alguns adultos também agem assim, com amigos e parceiros...).

Comumente, a raiva é o disfarce da tristeza, da mágoa, da sensação de estar sendo rejeitado. Os sentimentos estão intensamente presentes nas grandes mudanças da vida e se transformam uns nos outros. Até mesmo as crianças pequenas têm capacidade para se adaptar a situações novas e prosseguir em seu desenvolvimento normal. Mas, quando as mudanças são muito extensas e as perdas sofridas são grandes, há o risco de tornar a situação traumática: os sentimentos de tristeza, raiva e medo se intensificam e ficam difíceis de manejar, "transbordando" em sintomas e modificações de comportamento.

Quando isso acontece, é importante que a pessoa se sinta bem cuidada e escutada no que verdadeiramente sente, para que consiga reorganizar-se em sua nova circunstância de vida. Esse é o valor inestimável da escuta sensível e respeitosa. Isso pode acontecer até mesmo entre crianças que desenvolvem compreensão e empatia desde cedo. Durante toda a vida, podemos expandir nossa capacidade de amar.

Neste capítulo, você entenderá melhor esse entrelaçamento dos sentimentos, descobrirá caminhos para superar bloqueios e inibições, encontrará sugestões para lidar com momentos difíceis e melhorar a qualidade de sua vida e dos relacionamentos.

Brigas entre irmãos

Gabriel tem três filhos que disputam ferozmente o assento do meio do banco traseiro do carro. Os descontentes atormentam o vencedor com cotoveladas e xingamentos. Gabriel já ficou tão irritado com os gritos e a confusão geral que chegou a dizer que pararia o carro no meio do caminho até que eles terminassem a discussão. Em casa, os meninos brigam também pelo lugar no sofá para ver televisão e pela colher do arroz, para ver quem se serve primeiro.

No convívio entre irmãos, nem tudo são flores, mas nem tudo são espinhos. Embora existam irmãos que são verdadeiros inimigos, alimentando ódio recíproco e fazendo de tudo para prejudicar um ao outro, a maioria desenvolve uma relação solidária, mesmo quando brigam e implicam entre si. O ciúme, a insegurança, a necessidade de competir pelo lugar de destaque, o medo de ficar em desvantagem, são os principais sentimentos que servem de combustível para as brigas.

O campo emocional do relacionamento entre irmãos é muito rico e oferece várias oportunidades para desenvolver habilidades de convívio, inclusive a capacidade de fazer acordos, oferecer ajuda, construir planos em conjunto.

Dividir alguns pertences é uma grande oportunidade de aprender a transitar entre o direito de ter as próprias características e o respeito pelas do outro. Ter o próprio espaço e organizá-lo conforme seu desejo é um privilégio que não implica o direito de desrespeitar o espaço coletivo.

Para que os irmãos aprendam a ter boas idéias para resolver seus conflitos, é importante que os pais interfiram o mínimo possível nas brigas entre eles, estimulando-os a criar soluções satisfatórias para ambos. Quando sistematicamente tomam partido de um deles (em geral, o mais novo), intensificam o ressentimento e a revolta do filho criticado.

Uma das armadilhas mais comuns na vida familiar é não reconhecer que o caçula tem uma capacidade surpreendente de infernizar os outros sem ser percebido e, em seguida, chorar com a maior eficiência para pedir socorro. Muitos deles se divertem com o poder de articular intrigas que colocam o irmão mais velho em desvantagem. No entanto, os filhos que são sempre socorridos nas brigas com os irmãos ficam menos estimulados a criar as próprias saídas.

Tentar ser o juiz das brigas dos filhos inevitavelmente resulta em injustiça. Até porque há os irmãos que se especializam em implicar de modo discreto, porém altamente eficiente, para enlouquecer o outro de raiva.

"Foi ele quem começou!" é o argumento mais utilizado para convencer os pais de que o irmão merece ser castigado. Mas não importa quem começou: se o outro continuou, também contribuiu para a briga. O que realmente importa é como vão resolver a questão, aproveitando a briga como oportunidade para aprender a administrar conflitos. A única regra a ser colocada com firmeza é: nada de violência! Os conflitos não precisam ser resolvidos à base de socos, empurrões, gritos e xingamentos. Todos ganharão aprendendo a controlar a própria raiva de modo que ninguém se machuque. Aprender a atacar os problemas sem atacar as pessoas é a base da inteligência emocional.

Raiva & Cia.

Verônica está surpresa com sua filha de 13 anos: "Ela sempre foi uma menina tão dócil, e agora, que está entrando na adolescência, começou a ficar agressiva, dá respostas ríspidas, bate a porta do quarto!". Outros pais também se chocam com a mudança de comportamento dos filhos enraivecidos: "Quando ele é contrariado, vira bicho!"; "Saiu da mesa do jantar me chamando de idiota e dizendo que eu gosto mais dos irmãos do que dele!"; "Tem um gênio do cão, sem mais nem menos começa a gritar com todo mundo!".

Sentir raiva é normal e inevitável. No entanto, a raiva pode ser expressa de maneiras aceitáveis e inaceitáveis. É aceitável falar enfaticamente sobre o que nos deixou enraivecidos, mas é inaceitável expressar a raiva de modo que machuque os outros fisicamente ou com palavras que humilham, depreciam e desrespeitam. Bloquear as expressões inaceitáveis da raiva e descobrir alternativas aceitáveis de expressão é a lei principal do bom convívio.

É preciso aprender a tomar conta da raiva antes que ela tome conta da gente. Muitos adultos não conseguiram aprender isso. Como disse Antônio Carlos, 6 anos: "Papai ainda não aprendeu a botar freio na raiva; outro dia ficou tão zangado que deu um soco no armário e quebrou a porta!".

No contato com filhos pequenos, nossa raiva infantil vem à tona sempre que nos vemos brigando com as crianças como se fôssemos da mesma idade, ou quando caímos nas armadilhas das provocações e dizemos coisas do tipo: "Esse menino me leva à loucura!".

Há muitos sentimentos que acompanham a raiva e são disfarçados por ela. Condutas agressivas encobrem tristeza, sentimentos de rejeição, necessidade de diferenciação para fortalecer a independência, manobra de dominação, medo de ser dominado, baixa tolerância à frustração e muito mais. Na passagem da infância para a adolescência, e na transição para a idade adulta, a agressividade é o disfarce mais comum do medo de não conseguir formar uma individualidade própria. O receio de ser uma cópia do pai ou da mãe se concordar com eles está na origem das condutas de ser do contra e da maioria dos ataques hostis.

"A melhor defesa é o ataque": esse é o lema das pessoas "porco-espinho", que reagem agressivamente a tudo o que interpretam como ataque ou perseguição. Logo exibem seus espinhos com críticas ácidas, comentários irônicos ou posturas arrogantes em resposta a comentários, opiniões diferentes das suas, perguntas ou até mesmo um simples olhar.

Conheço muita gente que insiste em provocar raiva e impaciência quando, no fundo, quer pedir amor. Vejo isso acontecendo na relação de casais, entre irmãos e entre pais e filhos. Pessoas que, por algum motivo, não se sentem amadas tendem a ter ataques de raiva, a se retrair ou a ser desagradáveis no contato com os outros. Isso provoca muito sofrimento, pois,

Sentimentos entrelaçados

desse modo, os outros se afastam ou contra-atacam, o que intensifica o sentimento de rejeição e estimula novos ataques. Nas palavras de Ana Maria: "Minha filha não acredita que eu gosto dela tanto quanto dos irmãos; diz que sempre leva a pior e que eu protejo os outros; mas os outros são obedientes, e ela me tira do sério!". Pessoas com muita sensibilidade à rejeição costumam se proteger do medo de mostrar afetividade com uma couraça defensiva de hostilidade.

Medo amigo e medo inimigo

Medo da violência, da insegurança das ruas, do desemprego, das oscilações da economia, das incertezas quanto ao futuro, da repetição de sofrimentos do passado, de deixar de ser amado, de não ser apreciado, de ser abandonado, de não achar seu lugar, de não manter a posição conquistada. Medo do mundo, medo da vida, medo de nós mesmos, medo dos outros.

Todos nós – crianças, jovens e adultos – precisamos aprender a tomar conta do medo para evitar que ele tome conta da gente.

O medo amigo é a bússola que nos guia pelos caminhos da vida, apontando perigos verdadeiros dos quais precisamos nos proteger. Ele nos indica o que podemos fazer para evitar o pior. Precisamos obedecer aos avisos desse medo. A criancinha aprende que não pode enfiar o dedo na tomada; a criança maior aprende a esperar que os carros parem no sinal fechado para atravessar a rua; o jovem aprende a obedecer às leis do trânsito para evitar acidentes.

O medo inimigo é o sabotador interno que se diverte à custa dos nossos aspectos mais saudáveis, inventando histórias de terror, oprimindo nossa coragem, abortando nossas iniciativas, paralisando nossas ações. É o medo que precisamos desobedecer, desmascarar, desarmar para fortalecer nossa coragem para correr os riscos necessários ao crescimento pessoal. São esses medos que

Sentimentos entrelaçados

formam bloqueios e inibições, atrapalhando nossa vida e prejudicando o desempenho: a timidez excessiva que não nos deixa abordar uma pessoa que nos atrai; a insegurança que "dá branco" na hora da prova e nos faz esquecer tudo o que estudamos; a ilusão de que ficamos protegidos deixando de sair à noite, mesmo sabendo que há assaltos na rua a qualquer hora do dia.

Na vida em família, podemos ajudar uns aos outros a fortalecer nossa coragem para tirar o poder das histórias do medo inimigo. As crianças adoram encarar o desafio de desobedecer ao medo e a sensação de aumentar o poder interior cada vez que superam mais uma etapa, subindo os degraus de uma escada em cujo topo está a meta que querem alcançar. As crianças também são capazes de ajudar os mais velhos a vencer o medo: quando Eduardo, 9 anos, conseguiu superar o pavor de cães, começou a ajudar a avó a superar o medo de baratas.

No fim desse processo de vencer o medo inimigo conseguimos rir das histórias que nos apavoravam. A pergunta que guia a reflexão e a coragem de começar do ponto mais fácil para o mais difícil é: "O que de pior poderá acontecer se...?" (...eu for à cozinha pegar um copo de água sem pedir à minha irmã para ir comigo?; ...eu entrar sozinha num restaurante para almoçar num domingo?; ...eu resolver puxar conversa com uma pessoa numa festa sem ter sido apresentada por alguém conhecido?). Substituir os pensamentos catastróficos por avaliações realistas do perigo é uma habilidade que nos liberta de nossas prisões interiores. E a sensação de se soltar das amarras é deliciosa!

Meninos sensíveis

"Homem não chora!" deixou de ser uma frase aceitável na educação dos meninos. Mesmo com os fortes traços machistas que permanecem, a maioria das pessoas admite que a sensibilidade existe em pessoas, não apenas em mulheres. E estas anseiam por companheiros sensíveis, que sejam capazes de perceber os matizes emocionais e até mesmo de adivinhar desejos secretos.

No entanto, muitos pais de meninos sensíveis sentem-se desconfortáveis quando eles se mostram magoados e entristecidos por ter sido rejeitados ou excluídos por amigos ou colegas da escola. Há pais que tentam estimular o filho a revidar agressivamente um comentário ferino ou forçá-lo a jogar futebol, coisas que para muitos desses meninos são façanhas impensáveis. Outros temem que os garotos sensíveis venham a ser homossexuais, especialmente quando desde cedo mostram habilidades para as artes plásticas e a música. É difícil desfazer a associação entre virilidade, agressividade e ciências exatas.

Há situações em que os meninos sensíveis se encolhem e se recolhem, tornando-se alvo preferencial de agressores que os atacam implacavelmente com apelidos depreciativos, implicância e provocações. A Associação Brasileira Multiprofissional de Proteção à Infância e à Adolescência (Abrapia)

Sentimentos entrelaçados

publicou os resultados de uma pesquisa feita com alunos de escolas públicas e privadas sobre os efeitos do *bullying* (comportamento agressivo e preconceituoso entre crianças e jovens). Os comportamentos mais comuns dos agressores são: bater, ameaçar, amedrontar, discriminar, humilhar, perseguir, provocar, roubar. Os efeitos mais encontrados nos agredidos são: vontade de faltar à escola, medo, tristeza, angústia, baixo rendimento escolar, pesadelos. Mesmo os que não são agredidos diretamente podem sofrer os efeitos do *bullying* como testemunhas silenciosas das agressões, gerando o medo de ser as próximas vítimas.

Muitos meninos sensíveis são de temperamento tranqüilo e não gostam de brincadeiras agitadas: preferem ler, jogar videogame ou montar quebra-cabeças a pular, correr e jogar bola. Sentem-se bem assim. Outros não se sentem tão bem: são tímidos e pouco confiantes em suas capacidades, acham-se piores do que os outros nos esportes e não têm coragem de participar das brincadeiras que exigem mais preparo físico. Precisam desenvolver sua energia agressiva para ser mais assertivos, para ter a persistência necessária para aumentar a resistência física, sair do casulo e ocupar o espaço que desejam, livres da preocupação de agradar aos donos da brincadeira que dominam o grupo dos submissos. Quando conseguem ultrapassar a barreira do medo inibidor, tornam-se mais felizes e confiantes, expandindo suas atividades e enfrentando os provocadores.

As ações da família e da equipe escolar são importantes para combater o *bullying*, mostrando claramente que os maus-tratos entre crianças e jovens não serão tolerados nem como brincadeiras. Esse trabalho precisa ser feito com os agressores, os agredidos e os observadores das agressões. São medidas importantes para prevenir a violência e criar melhores condições para o desenvolvimento emocional de crianças e jovens, a fim de que possam crescer como pessoas sensíveis, empáticas e com habilidades de resolver conflitos construtivamente.

Todo mundo é chato!

A reclamação é um vício que algumas crianças e adultos cultivam com esmero para evitar o esforço da reflexão e das iniciativas de mudança. As perguntas evitadas são: O que estou fazendo (ou deixando de fazer) comigo mesmo para me sentir tão chateado e reclamar tanto dos outros e da vida? Se não estou satisfeito com o que está acontecendo, o que posso fazer para mudar?

O desenvolvimento pessoal é um trabalho para a vida inteira. Nas empresas, fala-se muito sobre isso: aprendizagem continuada, treinamento, capacitação, universidades corporativas e por aí vai. A idéia fundamental é a necessidade de crescer sempre, não ficar acomodado nem desatualizado, desenvolver novas habilidades e competências, melhorar a qualidade dos relacionamentos e o nível de desempenho. Em síntese, ser líder de si próprio. Mesmo quando está bom, pode ficar melhor ainda.

Esse impulso para o autodesenvolvimento pode ser estimulado desde a infância. É muito útil para abrir caminhos neste mundo em rápida mutação, em que enfrentamos desafios constantes, a exigir flexibilidade e criatividade. A pessoa (seja criança, seja adulto) que acha todo mundo chato tem dificuldade de manter amizades e expressa insatisfação com tudo o que lhe é oferecido. Está empacada na rigidez da cobrança de que os outros façam apenas o que ela quer.

Não dá para ser o chefe da brincadeira o tempo inteiro. Ter flexibilidade para aceitar as idéias dos outros, esperar a vez para propor as próprias idéias e respeitar as regras do jogo sem se sentir ofendido e desprestigiado quando os outros ganham é um aspecto importante do desenvolvimento da inteligência relacional. "Todo mundo é chato" é uma queixa que revela a dificuldade de aceitar que nem sempre é possível impor os próprios desejos e idéias; mostra também o desconforto de perceber que os outros se afastam por não se sentir respeitados. Não é agradável conviver com gente autoritária.

"Todo mundo é chato" revela ainda uma distorção da percepção, que enxerga com lentes de aumento os defeitos e as imperfeições e é míope para ver os aspectos favoráveis e as qualidades dos outros. Desenvolver a capacidade de perceber o que há de melhor nas pessoas, compreender e tolerar as limitações, construir o relacionamento a partir do que há de bom são aspectos essenciais da inteligência emocional.

Reclamar compulsivamente paralisa as iniciativas de mudança e reduz nosso poder de modificar situações insatisfatórias. Esperar que os outros mudem ou que a vida seja mais generosa em ofertas de oportunidades em muitos casos significa a recusa de exercer o próprio poder de escolher outro rumo, abrir novos caminhos de vida, modificar-se para que os outros se modifiquem. É frustrante ficar esperando acontecer, acumulando amargura e ressentimento, em vez de fazer acontecer.

Vitaminas afetivas

As vitaminas são essenciais para a saúde; o afeto é essencial para o bem-estar das pessoas em seus relacionamentos significativos. Nosso bem-estar depende, em grande parte, da capacidade de gostar de nós mesmos, percebendo que amamos e somos amados pelas pessoas que são importantes para nós. Portanto, "vitamina afetiva" é tudo aquilo que expressamos por meio de palavras, gestos e atos no sentido de alimentar a auto-estima daqueles que amamos.

Durante toda a vida, passamos por períodos em que nossa auto-estima fica mais vulnerável. Isso acontece, em especial, quando começamos algo novo ou entramos em outra etapa da vida, que ainda é desconhecida para nós. Por exemplo, quando temos um filho e ainda não sabemos se conseguiremos ser bons pais; quando iniciamos um novo trabalho (ou um novo relacionamento amoroso) e ainda não temos certeza de que nos sairemos bem. Nessas circunstâncias, encontrar pessoas que nos ajudem a superar as dificuldades iniciais e nos mostrem que apreciam algo do que estamos fazendo é fundamental para construirmos uma boa auto-estima na nova situação, e com isso nos sentimos mais seguros e confiantes. Em outras palavras, ficamos bem nutridos com essas vitaminas afetivas.

Para as crianças em fase de formação do alicerce da auto-estima, as vitaminas afetivas são essenciais. Nos primeiros anos de vida, construímos a noção fundamental de nós mesmos como pessoas capazes ou incapazes, com ou sem valor. Em grande parte, isso depende da maneira como somos vistos pelas pessoas mais importantes, que, na maioria das vezes, são os pais. Portanto, as atitudes dos pais que mais favorecem a formação de uma boa auto-estima são:

- dar mais ênfase ao olhar de apreciação do que ao olhar crítico;
- estimular a autonomia e a capacidade de escolher aquilo que estiver ao alcance da criança;
- estimular o pensamento reflexivo, que conduz ao autoconhecimento;
- dizer que não gosta de algo sem humilhar nem depreciar a criança;
- fazer elogios sob medida, dizendo claramente o que apreciou na conduta da criança, sem, contudo, aprisioná-la em expectativas de que sempre se comportará de modo exemplar;
- reconhecer e estimular o aumento das áreas de competência para propiciar o desenvolvimento de habilidades e superar medos e bloqueios;
- estimular a flexibilidade e a criatividade na busca de saídas para impasses e conflitos;
- reconhecer os sentimentos de raiva da criança, ajudando-a a expressá-los de modo não destrutivo.

Sentimentos entrelaçados

O ponto comum em todos os itens citados é o amor expresso por meio de carinho, consideração, respeito e firmeza. A sensação de que somos queridos e de que podemos contar com o apoio e a presença daqueles que amamos é fundamental para o nosso bem-estar.

A violência é aprendida

Uma equipe de cientistas de vários países reuniu-se para debater a questão da origem da violência. A conclusão unânime, que se tornou conhecida como a Declaração de Sevilha, foi que a violência não faz parte da natureza humana. A agressividade é inata, mas a violência e a guerra não correspondem a necessidades biológicas. Os comportamentos violentos são aprendidos e, como tal, podem ser desaprendidos.

Em cada um de nós, há o potencial da amorosidade e o da agressividade. É preciso expandir o primeiro para nutrir a capacidade de amar e de ser solidário. A agressividade é necessária para lutar pelos próprios direitos, indignar-se com as injustiças, ter persistência para batalhar por metas de vida e flexibilidade para continuar procurando saídas diante de grandes frustrações. No entanto, o impulso agressivo, quando não canalizado, facilmente se transforma em ódio e violência e torna-se, portanto, destrutivo.

A violência ocorre quando não se consegue transformar o conflito em acordos construtivos; nesses casos, a energia mobilizada pelo conflito é usada de modo destrutivo.

Os antropólogos Elise Boulding e William Ury, pesquisando "o lado oculto da História", estudaram diferentes culturas desde a Antiguidade. Mostram que, em toda a história da

Sentimentos entrelaçados

humanidade, na maior parte do tempo, as pessoas cuidam da família, organizam o trabalho, resolvem problemas e procuram satisfazer as necessidades básicas, além de se expressar por meio da arte, da música, da poesia, mas isso pouco aparece nos livros de História. O desejo de vincular-se, que faz parte da natureza humana, motiva a busca de solução pacífica dos conflitos.

Portanto, apesar do misto de violência e paz presente em todas as épocas e em todas as culturas, a coexistência pacífica predomina sobre o conflito destrutivo. Sem a ênfase histórica na violência, vê-se que a paz é mais comum do que a guerra. Dessa forma, não devemos olhar a paz como um ideal inatingível, mas como uma realidade.

A cultura da paz é definida pelas Nações Unidas como um conjunto de valores, atitudes, condutas e estilos de vida que rejeitam a violência e previnem conflitos indo às suas raízes para resolver os problemas pelo diálogo e pela negociação entre indivíduos, grupos e nações. Resumindo, paz é a capacidade de cuidar bem de nós mesmos, dos outros e do ambiente em que vivemos.

Afirmar que a corrupção, a fraude e a violência fazem parte da natureza humana é desestimulante, além de não corresponder à verdade. Olhar para a violência como uma distorção da energia agressiva, como algo aprendido que pode ser desaprendido, nos estimula a compreender mais a fundo os fatores que contribuem para o aumento e a redução da violência e direcionar nossos esforços para o trabalho incessante de construção da paz.

Assim como a violência e a fraude, a cooperação e a honestidade também podem ser contagiosas. Que vírus cada um de nós vai preferir disseminar?

Palavras ferinas

As palavras ferinas constituem os maus-tratos emocionais. Essa forma de violência é mais difícil de detectar do que a violência física: não fratura ossos, mas fratura a auto-estima; não provoca hematomas, mas machuca o coração, gerando mágoas profundas. São atitudes que transmitem desamor e rejeição, que repercutem em sentimentos de desamparo: xingar, colocar rótulos ou apelidos depreciativos, ridicularizar, humilhar, intimidar, ameaçar, fazer chantagens, perseguir implacavelmente, isolar do grupo social pela discriminação, ignorar a presença, fazer exigências excessivas, aterrorizar, corromper.

Como todas as outras espécies de violência, os maus-tratos emocionais acontecem em qualquer classe social, com pessoas dos mais variados graus de escolaridade, em todos os tipos de relacionamento: entre pais e filhos, namorados e cônjuges, crianças e jovens, entre irmãos, professores e alunos, chefes e subordinados, entre colegas de trabalho.

O prazer derivado da aparente superioridade do opressor (que tantas vezes utiliza esse canal para disfarçar até de si mesmo seus sentimentos de inferioridade e insegurança) o motiva a sistematicamente lançar mão de condutas e palavras que humilham e depreciam o outro.

Sentimentos entrelaçados

Laura diz que não agüenta mais conviver com o marido, que não diz sequer uma palavra de apreciação, acusando-a de ser péssima mãe e péssima esposa. Em suas próprias palavras, sente-se a "lata de lixo" onde ele joga tudo o que não presta. Luana, 15 anos, nutre uma profunda mágoa pelo pai, que a xinga de vagabunda quando ela sai com vestidos curtos e batom vermelho, além de lhe jogar na cara profecias do tipo "Você nunca vai conseguir ser alguém na vida" quando ela tira uma nota baixa. Luís Antônio queixa-se do irmão mais velho, que vive dizendo que ele é "muito burro e faz tudo errado".

Os maus-tratos emocionais são tolerados na falsa esperança de obter momentos de carinho e bem-estar. Há quem permaneça no relacionamento por não vislumbrar saídas para viver de outro modo. As justificativas para os maus-tratos costumam ser o mau gênio, o temperamento explosivo, os rompantes ou a tensão pré-menstrual. O agressor tipicamente coloca a culpa na vítima por tê-lo provocado, achando-se no direito de exigir dela maior paciência, tolerância e compreensão, enquanto racionaliza sua resistência à mudança dizendo: "Eu sou assim mesmo, não tem jeito". Outras justificativas para os maus-tratos emocionais são argumentos do tipo: "O ciúme é o tempero do amor", "A briga entre irmãos é normal". Com tudo isso, torna-se difícil, para muitas pessoas, diferenciar entre os episódios eventuais de destempero e os padrões mais consistentes de agressão.

As palavras ásperas das críticas arrasadoras costumam ser ditas com a desculpa de estimular a pessoa a efetuar as mudanças consideradas necessárias: "Digo isso para o seu bem: você é insuportável, nunca vai conseguir encontrar um homem que agüente viver com você!", diz Aline, com a esperança de motivar a filha a controlar o mau humor. Muitas pessoas definem "relação de intimidade" como aquela em que se pode dizer tudo o que vem à cabeça, confundindo espontaneidade com grosseria. Comumente, são gentis e bem-educadas nos relacionamentos sociais e profissionais, e verbalmente abusivas com os familiares.

Um dos pontos centrais do trabalho com o agressor é fazer com que ele assuma a responsabilidade por seus atos e aprenda a controlar a impulsividade, dizendo o que sente sem ofender, humilhar nem depreciar os outros. Um aspecto essencial do trabalho com as vítimas dos maus-tratos emocionais é desenvolver a assertividade para colocar os limites devidos, desarmando os ataques verbais do agressor.

A força da delicadeza

À primeira vista, a expressão "força da delicadeza" parece contraditória, quando associamos delicadeza com fragilidade: lembramos da delicada porcelana chinesa, tão bonita e tão quebrável, de miniaturas feitas com tanta precisão artesanal que precisamos pegá-las com a ponta dos dedos e pousá-las suavemente na palma da mão para apreciar melhor.

Com freqüência, a palavra "força" está associada com brutalidade, abuso de poder, prepotência, autoritarismo. Profissionais competentes, batalhadores, os bem-sucedidos que "chegaram lá" e que estão à frente de grandes escritórios com dezenas de arquitetos ou advogados, chefes de clínicas com uma numerosa equipe de saúde, comerciantes que dirigem importantes cadeias de lojas podem ser emocionalmente destemperados. Indignados quando o desempenho não alcança o padrão de qualidade exigido, explodem violentamente, desqualificando e reduzindo a pó os méritos anteriores. Nessa "terra arrasada", criam um clima de profundo mal-estar, temor, mágoa, ressentimento. Então, fica difícil conseguir a retenção de talentos: assim que surge outra perspectiva de trabalho ou de transferência de setor, os colaboradores preferem sair de perto do chefe rude, que passa como trator em cima do reconhecimento, da apreciação das competências, da sensibilidade.

Ter gênio forte não é força, é falha da capacidade de administrar a própria raiva. Um dos componentes básicos da inteligência emocional é aprender a tomar conta da raiva antes que ela tome conta da gente. E também assumir a responsabilidade pelos destemperos, em vez de ficar acusando os outros de provocação, sem justificar as próprias explosões, afirmando "Eu sou assim mesmo, e quem quiser ficar aqui que me agüente". Aprender a expressar contrariedade ou discordância sem ofender, humilhar nem depreciar os outros é um grande passo no desenvolvimento das inteligências emocional e relacional.

A força também está associada à perseverança, à capacidade de suportar adversidades e superar obstáculos. Força é ainda firmeza, assertividade, definição de metas, clareza da visão e da missão, dos valores que norteiam as ações estratégicas de pessoas e empresas. É a capacidade de expandir as asas dos sonhos, enquanto aprofunda as raízes do planejamento indispensável à concretização do sonhado.

Todos nós conhecemos pessoas que conseguem o que querem de mansinho, crianças que pedem o que desejam com jeitinho e amolecem o coração dos pais e, principalmente, dos avós. Observamos que um sorriso simpático tem o poder de abrandar o mau humor com que o funcionário atende a fila do balcão. Reconhecemos a eficácia da postura conciliadora de quem se dispõe a ouvir as partes envolvidas num conflito. E nos lembramos de pessoas que são firmes em seus propósitos, o olhar penetrante, as palavras precisas, a postura segura de quem sabe o que quer e do que está falando. Essas pessoas

Sentimentos entrelaçados

conseguiram desenvolver a difícil combinação entre firmeza e serenidade. Nas palavras de William Ury, profissional destacado no campo da negociação e da resolução de conflitos, é preciso ser duro com o problema e gentil com as pessoas.

E, então, percebemos o imenso poder transformador da força da delicadeza.

A travessia da dor

A morte de uma pessoa querida traz uma dor profunda e inevitável. Quando é em decorrência de doença prolongada, a dor é grande, mas há um tempo para perceber a gravidade do problema, lutar pelo tratamento, oscilar entre a esperança da cura e a constatação da fase terminal, tomar as providências necessárias e, em alguns casos, até mesmo para revisões e despedidas.

Mas quando a morte é repentina, por acidente ou homicídio, a dor da perda é aguda, dilacerante: "Os dois saíram para uma festa e, no meio da madrugada, recebemos um telefonema com a notícia". Em minutos, o mundo desmorona e, como proteção contra a dureza do choque traumático, surge a sensação de estar vivendo um pesadelo: não dá para acreditar no que aconteceu.

Há pessoas que passam as primeiras semanas após a perda repentina com a sensação de ser duas: uma que toma as providências práticas, a outra que parece ser a observadora da cena. Há os que choram desesperadamente e necessitam contar e recontar os detalhes do episódio, outros que se recolhem no silêncio triste e revoltado. E há aqueles que compulsivamente buscam ocupar-se com tarefas sem fim para não parar e pensar.

Na travessia da dor, as redes de suporte são fundamentais, seja nos casos de morte repentina, seja após um período prolongado de doença. O apoio recíproco dos familiares que com-

Sentimentos entrelaçados

partilham a dor e a presença aconchegante dos amigos solidários ajudam a suportar o sentimento de vazio, o aperto no coração, a dor da saudade. As ações de suporte são muitas: acolher as crianças da família para estar com outras crianças, ouvir com sensibilidade, providenciar coisas práticas, o que for preciso.

Para as crianças, a rede de suporte da escola é fundamental. A notícia de que um colega perdeu o pai ou a mãe repercute em todos, a realidade de que podemos perder uma pessoa essencial chega mais perto, mas a solidariedade entre as crianças sempre se manifesta. É reconfortante receber o carinho dos amigos: bilhetes afetuosos, ajuda nas tarefas escolares para compensar as aulas perdidas ou a deficiência de concentração e de atenção no período de grande impacto emocional.

Pouco a pouco, os membros da família reconstroem o cotidiano, assumem novas tarefas e responsabilidades e tomam decisões para enfrentar as enormes mudanças provocadas pela perda.

Crianças e adultos precisam encontrar maneiras de manter viva dentro de cada um a pessoa que morreu. O suporte da fé e da religião ajuda a olhar a morte como transição para outra forma de vida, construindo uma ligação espiritual com a pessoa falecida. Mas, mesmo quando não há um referencial religioso, a travessia da dor pode trazer a compreensão de que o amor não morre e que, embora sintamos a falta da presença física da pessoa, a relação amorosa com tudo o que foi construído e compartilhado poderá ser mantida no coração de todos.

Surfando no medo

Gustavo, 17 anos, me contou o que sentiu nas primeiras aulas de surfe: o frio na barriga junto com a excitação de encarar as ondas grandes, o esforço de remar vigorosamente, a atenção para perceber o momento certo de furar a onda, de se erguer na prancha e o sentimento de alegria e conquista ao pegar uma onda bacana conseguindo se equilibrar, fazendo as manobras necessárias.

Na mesma semana, li uma entrevista com um campeão de surfe que encara ondas gigantes nos mares do mundo. Além da forte emoção de pegar tubos perfeitos, ele falou do medo que sente diante dos imensos paredões de água: medo necessário para criar um estado de alerta que o faz ficar rigorosamente atento a cada detalhe, enfrentando os riscos com uma boa margem de segurança.

As pessoas com grande experiência em esportes radicais amam a adrenalina da excitação diante do perigo, mas não são afoitas. Sabem do risco que correm: para enfrentar o desafio e potencializar o prazer da conquista, fazem um bom preparo e um planejamento minucioso, seja para escalar a montanha gelada, explorar as profundezas dos mares ou descer de pára-quedas numa bela paisagem. Sabem até discernir os momentos em que, segundo o ditado popular, "é melhor recuar para depois saltar".

Sentimentos entrelaçados

As habilidades essenciais para a prática desses esportes são muito importantes também para os desafios da vida. O medo é útil como alerta para o bom preparo, não para fugir da situação.

Na vida em família, há inúmeros momentos em que ficamos na encruzilhada: vamos enfrentar as dificuldades ou desistir, afirmando que somos incompetentes? É trabalhoso estimular a formação da persistência, a motivação para continuar tentando até melhorar o desempenho, a responsabilidade de encarar a tarefa proposta para, no fim, sentir a alegria da conquista de mais uma etapa da aprendizagem.

Alguns exemplos do cotidiano: João Pedro, mal lê o dever de casa, declara que não sabe fazer e se apressa para pedir ajuda ou implora que alguém faça por ele; Vanessa quer aprender a tocar piano, entusiasma-se com as primeiras músicas, mas não quer dedicar o tempo mínimo necessário para a "ginástica dos dedos", indispensável para a agilidade. Augusto está muito interessado numa amiga da irmã, mas acha que é difícil abordá-la, fica paralisado pelo medo da recusa e acaba desistindo nas primeiras tímidas tentativas.

Algumas parceiras do medo (a preguiça, a timidez, a insegurança, entre outras) atrapalham o desenvolvimento da persistência necessária para trilhar o caminho desejado. É preciso que o nosso medo faça outras parcerias (com a paciência, a atenção, a coragem e a alegria) para que entremos nas ondas da vida com o preparo fundamental para ser um campeão.

Como essas habilidades precisam ser aperfeiçoadas no decorrer da vida, sempre que estimulamos os filhos a não desistir diante dos obstáculos podemos fazer revisões em nossa própria vida. Estamos confortavelmente acomodados no trabalho ou continuamos como eternos aprendizes, desenvolvendo competências? Temos sonhos engavetados por falta de coragem e persistência para encarar o esforço ou o risco de realizá-los? Estamos aproveitando a educação dos filhos como oportunidade de crescimento pessoal? Ou nos achamos atolados na zona de conforto, sem saber por que nos sentimos insatisfeitos?

Agressores e agredidos

Como diz o Garfield, "é bom ser mau". Nos videogames, ganham-se pontos e bônus quando se fere, mata, atropela, explode. No cinema, muita gente se diverte com os filmes violentos. "Já reparou que os do mal têm coisas mais bonitas que os do bem?", comenta Luís Filipe, 7 anos, ligado nos desenhos animados. "Vamos nos divertir brigando!" parece ser o lema dos brigões nas casas noturnas, em mais uma associação perversa entre agressão e prazer.

Todos nós nascemos com impulsos amorosos e agressivos. No processo educacional, na necessária parceria entre família, escola e outras instituições sociais, pretende-se expandir a capacidade amorosa, que resulta em cooperação, gentileza, solidariedade, compreensão, e canalizar a agressividade para fins construtivos, como a assertividade, a firmeza, a persistência, a luta para superar obstáculos, a capacidade de se defender. A energia agressiva é inata e necessária, mas a violência é aprendida no contexto social.

Crianças, jovens e adultos estão assustados e perplexos com os episódios de violência no mundo. Esta é vendida como entretenimento, notícia, espetáculo. Estatísticas recentes do IBGE mostram que a violência no Brasil provoca maior número de mortes do que muitas guerras civis declaradas. Atinge, especialmente, jovens do sexo masculino: mortes brutais por armas de fogo ou por acidentes de trânsito, em que o carro vira arma mortal quando os jovens perversamente se divertem com o excesso de velocidade.

Como é construído o conceito de masculinidade? Homem é aquele que não leva desaforo para casa, que se toma um tapa dá dois de volta, que paquera a menina puxando-a pelo cabelo para beijá-la à força? Homem é aquele que agride quem olha para sua namorada para "defender a propriedade?" A masculinidade se define pela força muscular?

A família é, sem dúvida, uma influência importante na construção das identidades masculina e feminina. Mas há também a influência da escola, dos amigos, do contexto cultural. Jovens agressores foram, na maioria, crianças agredidas pela indiferença, pela ausência, pela falta do trabalho paciente de canalização da impulsividade, pela identificação com modelos agressivos, seja em casa, seja na comunidade em que vivem.

No entanto, nem todos os agredidos se tornam agressores. E os agressores podem recuperar-se: se a violência é aprendida, pode ser desaprendida pelo aumento da capacidade de reflexão e da empatia e, sobretudo, quando o agressor sofre as devidas conseqüências pelos seus atos. A impunidade (em casa, na escola, na sociedade e no Congresso Nacional) é um dos principais fatores que aumentam a incidência do comportamento violento.

As raízes da violência são múltiplas, e sua redução dependerá de um trabalho em rede, com responsabilidades compartilhadas entre famílias, escolas e demais instituições da sociedade, políticas públicas que funcionem e governos eficientes.

No casulo

As pessoas abertas, transparentes, capazes de mostrar com clareza o que sentem e de comunicar suas necessidades definem melhor o território dos relacionamentos. Mas as pessoas de temperamento reservado, mais fechadas, de poucas palavras e com expressão corporal contida são mais enigmáticas, deixando os outros na dúvida, sem saber exatamente o que pensam, querem e sentem.

A criança calada, que não incomoda os professores nem marca presença em casa, às vezes sofre mais profundamente com suas dificuldades do que aquela que grita, chora alto, desafia, agride e faz tudo ao contrário do esperado. A primeira se recolhe, entra no casulo. Só as pessoas mais sensíveis aos detalhes conseguem perceber o olhar tristonho, a falta de entusiasmo para brincar, o isolamento que se acentua. A outra mostra o sofrimento de modo exuberante, perturba o ambiente, chama a atenção: tem maior probabilidade de ser socorrida.

Com as crianças mais introvertidas, nem sempre a comunicação verbal é o caminho mais produtivo. É preciso aguçar o olhar para ver o que está sendo expresso por meio de seus desenhos, pelo enredo das histórias que cria nas brincadeiras com bonecos e fantoches. Por aí passam mais claramente os sentimentos, os pensamentos, os temores, as preocupações. Geralmente, elas têm uma vida interior rica, imaginação fértil.

Mas há também os casos de "fechamento seletivo": adolescentes que nada revelam aos pais porque interpretam o interesse, o cuidado e a proteção como controle, intromissão indevida e invasão de privacidade. No entanto, confidenciam suas intimidades com a empregada, a madrinha e alguns amigos. Com essas pessoas, sentem-se mais compreendidos. O fechamento também se intensifica quando se sentem criticados e desvalorizados em suas opiniões: concluem que não vale a pena se dar ao trabalho de dizer o que pensam sobre qualquer assunto porque os adultos que se acham sempre certos dirão que eles são imaturos e inexperientes. Outros ainda permanecem extremamente reservados com relação à sua vida pessoal temendo que esses dados venham a ser "jogados na cara" deles na primeira ocasião em que os ânimos se exacerbarem em críticas ásperas e acusações recíprocas.

Entrar no casulo também pode representar uma medida de proteção contra o medo de não ser aceito. Um grande número de jovens homossexuais não tem coragem de falar claramente sobre sua orientação sexual com a família e até mesmo com alguns amigos por temor à rejeição e ao peso do preconceito.

Os pais que fazem muitas perguntas para tentar abrir uma brecha no fechamento só encontram respostas lacônicas. Os que comparam os filhos introvertidos com irmãos, amigos ou primos mais comunicativos, na esperança de estimular a abertura, recebem como resposta a retração ressentida ou irritada.

Há outras pontes a ser construídas com as pessoas fechadas: uma é a busca de interesses comuns sobre os quais a conversa flui melhor; a outra é a escuta sensível que demonstra aceitação dessas características pessoais e, sobretudo, o respeito pelas áreas da intimidade pessoal que só se abrem para "as pessoas autorizadas".

Imagens traumáticas

Há imagens indigestas e até mesmo tóxicas, que nos fazem mal. Lembro-me de duas situações de atendimento com crianças: a de Otávio, 6 anos, que estava há três dias sem conseguir dormir bem, apavorado com as imagens de um filme de terror que não lhe saíam da cabeça. Imaginava vividamente que ele mesmo, os pais e os irmãos estavam sendo cruelmente atacados pelos personagens do filme. A outra situação foi a de Ana Teresa, de 8 anos, que, obcecada por fantasias sexuais e masturbação compulsiva, acabou revelando que via filmes pornográficos em canais de televisão a cabo sem que os pais percebessem. E eram justamente as imagens de sexo grupal que povoavam seus pensamentos, perturbando até mesmo sua concentração nas aulas.

Foi complicado para essas crianças digerir o que viram. As imagens tóxicas perturbam nossas emoções e até mesmo o processo normal do desenvolvimento. É claro que as crianças sentem medo, excitação sexual e muitas outras coisas. Porém, quando o que observam ultrapassa a capacidade de absorção e de entendimento, surgem sintomas que revelam a perturbação. E isso pode acontecer não só com imagens de filmes como também com a observação de cenas reais: crianças que presenciam episódios de violência (física e verbal) ou sofrem abuso sexual costumam apresentar sintomas como distúrbios do sono, pesadelos, alterações de comportamento, dificuldade de aprendizagem, aumento da agressividade ou do isolamento.

As imagens traumáticas atingem também os adultos: o estudo da síndrome do estresse pós-traumático foi aprofundado com veteranos de guerra, perturbados com as cenas que presenciaram nos combates, atordoados com o pânico e com as imagens que não conseguiam tirar da cabeça até mesmo anos após o retorno do campo de batalha. Pessoas de todas as idades podem passar por situações que ultrapassam sua capacidade de absorção, tornando difícil reencontrar o equilíbrio perdido.

Filhos de diversas idades, pais sobrecarregados de afazeres, múltiplos canais de televisão e uma infinidade de *sites* na internet: com essa mistura de ingredientes, não é fácil monitorar conteúdos próprios e impróprios para cada faixa etária. Porém, temos de enfrentar mais esse desafio da modernidade sem subestimar o poder das imagens tóxicas. Conversas claras com os filhos sobre os efeitos dessas imagens, reconhecendo a tentação da curiosidade e o medo de ficar por fora dos programas que os colegas assistem, podem conduzir a um consenso sobre escolhas de canais, bloqueios seletivos e limites de horários.

Os adultos podem aproveitar a oportunidade para pensar melhor sobre suas escolhas. Até que ponto faz bem à saúde assistir aos noticiários na hora da refeição, com tantas imagens indigestas que despertam em nós repulsa, indignação, medo, insegurança? Isso não significa alienar-se do que está acontecendo no país e no mundo, mas aponta para a necessidade de selecionar o modo pelo qual buscamos a informação. No cotidiano de todos nós há algumas fontes de estresse inevitáveis e muitas outras que podemos evitar. O que estamos fazendo para descarregar a tensão de modo saudável? Como podemos evitar o aumento do estresse?

Brigando demais

"Fulano vive de mal com a vida" é a expressão que usamos para descrever a pessoa que reclama compulsivamente, vive insatisfeita, espumando de indignação com mil coisas que não funcionam direito: o ar-condicionado que não produz aquele frio siberiano no verão tropical, a selvageria no trânsito (embora dê sua contribuição xingando quem acha que o ultrapassou indevidamente), o governo ineficiente e corrupto, a política salarial da empresa em que trabalha.

As pessoas que brigam simultaneamente com a vida, com os outros e consigo mesmas acham que estão com a razão mas não são reconhecidas, cozinham o mau humor e a carranca por vários dias, quando muito rosnando um "bom dia" para os de casa, e falam apenas o necessário para colocar em marcha a burocracia doméstica. A cena que deflagrou esse profundo mal-estar, na maioria das vezes, foi uma expectativa não preenchida que faz parte do cotidiano de todos nós: a pessoa amada não atendeu a um pedido no momento esperado ou tem uma opinião diferente sobre o tema da conversa; a negociação de um novo contrato de trabalho ainda não foi concluída; ou encontrou um engarrafamento monstro que o fez chegar atrasado ao compromisso. A frustração de não ter seus desejos atendidos de imediato contamina a maneira

Cá entre nós

de olhar a vida, que passa a ser um horror, sem perspectivas de melhora.

Chefes briguentos e eternamente insatisfeitos porque não conseguem reconhecer os aspectos positivos de seus colaboradores estimulam ressentimento, mágoa e frustração, ingredientes importantes para a falta de motivação que resulta em piora do desempenho e baixa da produtividade. São pessoas que acreditam que, literalmente, tudo se resolve no tapa e no grito e chegam a humilhar um funcionário na frente de outros, assim como há pais que insistem em criticar os filhos diante dos amigos. E há palavras que doem muito mais do que uma agressão física.

Casais e parceiros de trabalho podem construir relacionamentos duradouros na base de brigas intermináveis. Curiosamente, parece que a constante ameaça de romper a sociedade conjugal ou de negócios age como incentivo para solidificar a relação, mesmo que assuste quem está em volta, sejam os filhos, sejam os funcionários.

Há quem associe briga à diversão: o prazer do poder de medir forças, criar tumulto em festas, bares e boates, partir para agressões verbais e físicas em resposta ao que interpretam como provocação motiva episódios violentos que, com certa freqüência, estão no noticiário. A construção da masculinidade que valoriza a equação distorcida de que ser macho é ser brigão está na raiz da maioria dessas condutas.

Mas nem sempre briga é explosão. O ódio gelado que se manifesta pelo desprezo, pela ironia ferina, pelos canais subterrâneos da intriga, pela conduta de jogar uns contra os outros (ações que, no ambiente de trabalho, caracterizam o assédio moral) também são expressões da destrutividade que corrói a saúde de pessoas, relacionamentos, famílias e organizações.

Feliz ou infeliz?

As pessoas felizes valorizam o que está em suas mãos, e as infelizes estão sempre se lamentando daquilo que falta. Todos nós conseguimos apenas uma parte do que queremos e sempre precisamos lidar com a questão da falta e da frustração. "Ninguém pode ter tudo" é uma frase de uso popular e é uma verdade que começamos a perceber na infância quando nos dizem coisas do tipo "Primeiro termine o dever de casa para depois brincar à vontade"; "Não podemos comprar todas essas roupas, escolha uma só".

No entanto, apesar dessas frustrações educativas da infância, muitos crescem inconformados com as limitações impostas pelas escolhas e querem ter o melhor dos dois mundos: o conforto de estar casado mantendo a liberdade de solteiro; total autonomia para decidir o que quer da vida, mas continuando a contar com uma boa mesada. Há pessoas que, mesmo quando já são adultas, continuam achando que o mundo lhes deve, que têm o direito de exigir a satisfação de seus desejos sem que tenham também de contribuir e retribuir.

A construção da infelicidade pode começar na infância, quando a insatisfação é continuamente alimentada pelo poço sem fundo dos desejos. Outra frase popular descreve bem esse processo: "Quanto mais tem, mais quer". A ambição, a ganância, a inveja são os principais componentes dessa insatisfação. Betânia tem mais de trezentos bichos de pelúcia enfeitando seu quarto, mas fica furiosa se os pais se recusam a comprar mais um.

Quando leio no noticiário o tamanho dos rombos nos cofres públicos, dos milhões em verbas desviadas, penso na ganância do "quanto mais tem, mais quer" do enriquecimento ilícito e desmedido. Penso também nos que trabalham compulsivamente porque querem ganhar mais e mais, para gastar mais e mais, em detrimento do tempo de qualidade com a família, com os amigos, com tantas outras dimensões da vida.

Escolher dirigir prioritariamente o olhar para apreciar o que temos ou para lamentar o que falta é a grande linha divisória entre sentir-se feliz e infeliz. Valorizar o que temos não significa total falta de ambição: podemos querer mais, sonhar com o progresso, planejar o caminho do crescimento profissional ou aumentar o patrimônio. A falta se transforma em meta; a frustração, em desafio a ser encarado. Desse modo, motivamo-nos a empreender o esforço necessário. Estagnar-se na reclamação, lamentar-se porque não conseguiu realizar seus sonhos sem sequer esboçar um movimento de planejamento ou ação construtiva é um enorme desperdício da energia vital: com a torneira aberta, a água preciosa desce pelo ralo...

Jogamos fora relacionamentos importantes quando focalizamos o que falta (para o ideal), em vez de valorizar o que há de bom na pessoa amada. O mesmo pode acontecer com o emprego ou com os amigos. Detalhes frustrantes crescem aos nossos olhos até o ponto de não enxergarmos outra possibilidade a não ser cair fora. E nem sempre essa será a melhor escolha.

Divirta-se!

No filme *Todos dizem eu te amo*, de Woody Allen, há uma frase marcante na cena do balé dos espíritos que deixam os corpos nos caixões da capela funerária e saem dançando até a rua: "Divirta-se, é mais tarde do que você pensa!".

Nunca quis ter agenda eletrônica, gosto mesmo de escrever a lápis as tarefas, os compromissos, os telefonemas, as contas a pagar. Sinto um certo prazer em riscar o que já foi feito e um prazer maior ainda ao ver que ficaram poucas tarefas pendentes, transferidas para a semana seguinte. Revejo o que é realmente imprescindível e descarto o que não é tão relevante como pensei que fosse. Esse hábito facilita a administração do meu tempo.

Por acreditar que tempo a gente não tem, a gente cria, sempre procurei respeitar a cota do lazer, que inclui uma gama enorme de interesses. Gosto de conversar com meus filhos, com os amigos e com pessoas que têm idéias interessantes; gosto de ir ao cinema, de ouvir boa música, de tocar piano; de manhã cedo, gosto de caminhar na areia fofa e nadar no mar; gosto de ler, de cozinhar (só receitas simples e rápidas, nada de complicação), de dançar, de namorar; gosto de caminhar por trilhas que incluem banhos de cachoeira que me recarregam as baterias; gosto de meditar, de contemplar a beleza. Gosto da vida, enfim. E procuro criar tempo para tudo isso, nem que seja só um pouquinho de cada uma de todas as coisas que eu aprecio.

Acho graça quando converso com adolescentes que pensam que têm de "curtir todas" antes de chegar à idade adulta porque imaginam que é aí que acaba a diversão e começa a chateação. Vou logo perguntando se eles nunca conversaram com gente de 60, 70 anos que passeia, descobre novos interesses, se renova e se diverte muito com a tranqüilidade de quem já está há um bom tempo na estrada e, por isso mesmo, aprendeu a aproveitar o presente da vida.

Sinto pena das crianças entediadas que sepultaram tão cedo a capacidade de se alegrar com coisas simples por ser vítimas do consumo, não só do "Vamos sair para comprar alguma coisa", mas também da compulsão de emendar um programa no outro, de viver perguntando "E depois, a gente vai fazer o quê?", esvaziando o momento presente de todo e qualquer significado. O quarto cheio de brinquedos, armários lotados de roupas e o vazio da insatisfação, do quero mais sem limites.

A indústria do entretenimento está crescendo no mundo, as incontáveis opções de lazer geram a angústia de não poder aproveitar nem uma pequena fração de tudo o que está à disposição, a começar pelas dezenas de canais da televisão a cabo, a profusão de filmes, peças de teatro, espetáculos musicais, bares, restaurantes, passeios turísticos. A compulsão angustiante para se divertir não é nada divertida. Bom mesmo é quando conseguimos construir o bem-estar interior que nos permite acreditar que podemos nos dedicar inteiramente a cada coisa que fazemos, seja ver um bom filme, arrumar os armários, cumprir as tarefas que nos cabem, agradecendo o privilégio de estar vivos.

Bons pensamentos

Fala-se muito sobre o poder do pensamento positivo. Mas quais são os elementos básicos desse modo de pensar? Não se trata apenas de ser otimista e, muito menos, de ignorar dificuldades e obstáculos colocando lentes cor-de-rosa para olhar a vida achando que está tudo bem por se recusar a tomar conhecimento dos problemas. Isso é cegueira emocional, nada tem a ver com pensamento positivo.

Os economistas, quando apresentam análises da conjuntura econômica e se arriscam a fazer previsões, falam em termos de cenário: o melhor, o razoável e o pior. Com isso, refletem sobre as diferentes variáveis que podem alterar o curso dos acontecimentos e fazem recomendações acerca de como extrair o melhor em cada um dos cenários, para minimizar os riscos e maximizar as oportunidades. Podemos fazer algo bem semelhante quando analisamos a "conjuntura" da nossa vida: ampliar a extensão do nosso pensamento, para considerar os diferentes cenários possíveis, procurar aumentar a flexibilidade de idéias para encontrar saídas quando acontece o pior cenário e aproveitar ao máximo as oportunidades quando ocorre o melhor cenário.

Sob essa ótica, podemos analisar as deficiências do otimista crônico e do pessimista incorrigível. Ambos restringem a amplitude do pensamento: o primeiro não considera o pior

Sentimentos entrelaçados

cenário e, portanto, não se prepara para ele; o segundo se fixa nas piores hipóteses, a ponto de transformá-las em certezas. Com isso, paralisa a busca criativa de saídas e, quando combina pessimismo com depressão, acha que a única saída é morrer. Não consegue tirar o melhor proveito das oportunidades ou porque nem sequer as vê ou porque não acredita que elas possam ser duradouras. O pessimista costuma justificar seu modo de pensar dizendo que prefere sempre imaginar o pior porque o que vier é lucro. É um modo de proteger-se contra sofrimentos, decepções e frustrações.

Treinar o olhar para aumentar sua amplitude é um exercício muito útil para a vida pessoal e a profissional. Junto com esse olhar que examina o campo mais amplo, é igualmente útil treinar a flexibilidade do pensamento, habilidade essencial para transformar obstáculos em desafios e crises em oportunidades de crescimento.

Em vez de nos desesperar com as dificuldades, precisamos pensar: "Como vou sair dessa?"; "Que outras opções posso criar?" É interessante observar que esse espírito empreendedor existe em todas as classes sociais e em todos os níveis socioeconômicos: muitas pessoas com pouquíssimos recursos financeiros conseguem encontrar saídas e cultivam a alegria valorizando as coisas simples; em contraposição, há pessoas com abundância de bens materiais que desanimam com pequenas dificuldades, não conseguem gerenciar adequadamente o que possuem, não tiram o melhor proveito daquilo que está ao seu alcance, sentem-se insatisfeitas "apesar de terem tudo para ser felizes", como elas próprias reconhecem.

Cá entre nós

A qualidade de vida depende menos das circunstâncias externas do que da qualidade do pensamento que construímos no decorrer da vida: é ele que guiará nossas ações e nossa possibilidade de movimento nos diferentes cenários que encontrarmos na viagem do tempo.

Irmãos compreensivos

Eliana era um bebê sério, que pouco sorria. Aos 2 anos, sofreu um acidente, teve de se submeter a uma cirurgia de urgência e passou duas semanas se recuperando no hospital. Cresceu cheia de medos e intensamente arredia ao contato com crianças e adultos, conhecidos e desconhecidos. Os pais e os avós se preocupam com ela e ficam constrangidos com tanta retração: Eliana nem sequer responde a um "bom dia", não gosta de abraços e beijos, vai às festas mas não participa das brincadeiras.

Sua irmã Betina, um ano mais nova, é uma criança alegre e extremamente sociável. Encanta as pessoas com seu sorriso, relaciona-se bem com crianças e adultos e apresenta apenas os medos normais de sua idade. Em conseqüência disso, as pessoas falam com Betina de modo mais aberto e afetuoso do que com Eliana. As duas irmãs se dão bem, repartem o quarto sem problemas, gostam de brincar com a casa de bonecas e fazer teatro de fantoches. É com Betina que Eliana mais se abre e se descontrai.

Em certa ocasião, o pai ficou muito irritado quando Eliana se recusou a lhe dar um beijo de despedida, pois viajaria a trabalho por uma semana. Repreendeu a menina, que fez cara de zanga e de mágoa e foi para o quarto chorando. Betina ficou aflita e disse ao pai: "Você não entende que ela tem vergonha de beijo?", e foi correndo consolar a irmã.

Cá entre nós

A relação entre os irmãos tem um potencial de influência recíproca muito grande, que precisa ser mais estudado e valorizado. Mesmo com apenas 2 ou 3 anos, as crianças apresentam capacidade de empatia, de solidariedade, de compreensão e de ajuda. Isso se torna especialmente evidente quando os adultos estão sintonizados com a linguagem dos sentimentos e procuram facilitar sua expressão nas cenas do cotidiano familiar. É importante também reconhecer explicitamente o valor dessa ajuda que os irmãos oferecem uns aos outros: os mais extrovertidos podem mostrar aos mais tímidos que não há tanto perigo em se abrir ao contato, os mais persistentes podem ajudar os mais inseguros a construir habilidades, os mais confiantes podem ajudar os mais assustados a superar seus bloqueios.

As crianças são agentes de mudança na família: pelo simples fato de nascerem, com suas características e necessidades, mexem profundamente com a afetividade dos pais e de outros familiares. Os adolescentes, com seu olhar sobre o mundo, questionam e desafiam o que está estabelecido, muitas vezes por hábitos arraigados ou por posturas rígidas que não passaram por uma reflexão mais cuidadosa: comportamentos rebeldes e contestadores podem estimular revisões importantes nos adultos, assim como as contribuições advindas do relacionamento com outras pessoas podem enriquecer o conhecimento e as ações da família.

Valorizar e reconhecer explicitamente as contribuições positivas de cada membro da família melhora a vida de todos e cria um clima agradável de convívio, em que a compreensão e o consenso predominam sobre as desavenças.

Palavras finais

Cá entre nós: espero que vocês tenham aproveitado nosso passeio por alguns recantos da intimidade das famílias. Certamente se identificaram com boa parte das situações apresentadas, refletiram sobre algumas das questões levantadas e pensaram em muitos outros temas que não foram abordados. A complexidade e a riqueza dos relacionamentos familiares, a sutileza dos afetos, os desdobramentos da vida no cotidiano das famílias não cabem inteiramente nas palavras. Mas, apesar disso, a troca de idéias é importante e nos enriquece com novas reflexões e descobertas na fascinante viagem pelo tempo. Por isso, convido vocês a entrar em contato comigo visitando meu *site: www.mtmaldonado.com.br*, onde encontrarão meu *e-mail*. Às vezes, demoro um pouco para responder, devido ao acúmulo de mensagens, mas gosto muito de me comunicar com meus leitores!

Grande abraço,
Maria Tereza
Site: www.mtmaldonado.com.br

PAULUS Gráfica, 2006
Via Raposo Tavares, km 18,5
05576-200 São Paulo, SP